前言

网上流行一句话:"不陪作业是亲爸亲妈,一陪作业就是后爸后妈。"这句调侃让很多父母感触颇多,谈及陪孩子做作业,似乎都会忍不住吐槽,有说孩子不听话的;有抱怨老师布置的作业太多的;有嫌老师作业布置少了,让孩子空闲时间太多的;有嫌孩子做作业磨磨蹭蹭、效率低下的;还有抱怨孩子总是要等到最后一分钟才开始做作业,弄到很晚还不能睡觉的;等等。

对于陪孩子做作业,相信大部分父母会认为这是一件很重要但不怎么让人愉快的事情。父母有很多疑问:到底需不需要陪作业?陪作业就是让孩子做完作业吗?孩子为什么不能自觉自愿地做作业?孩子作业来不及做,要不要帮孩子做作业?怎样才能好好地陪作业?

本书从培养孩子成长的终极目标入手,与父母分享如何陪孩子做作业。我们会讨论未来就业市场需要什么样的人;通过做作业,孩子能够获得或发展什么能力;让孩子好好做作业的前期准备;如何帮助孩子养成好的作业习惯。我还为父母介绍了一些可用的技能,分析了几个常见的作业问题。

希望这本书能使陪作业不再是一件让人烦恼且痛苦的事情,帮助孩子与父母做"正确的事情",获得学习能力,得到全面发展。

策划人 　郝宁

好好"陪"作业
学习辅导的秘密

潘晓红／著

目录

1 第一章 养育面向未来的孩子

4 变化中的世界
7 21 世纪需要什么样的能力?
15 什么是具有"21 世纪能力"的人——以小培为例
17 学业成功需要的三大技能
19 21 世纪能力与完成作业的关系

21 第二章 作业到底有什么用?

22 查漏补缺,发现未掌握或理解有误的知识
22 反思与内化:按自己的节奏与方式学习
23 及时复习和练习学习技能
24 水滴石穿:作业质量对孩子心灵的长期影响
25 作业是孩子要面对和负责的第一项任务
27 做作业是一种综合能力训练
27 作业是父母了解孩子的窗口

29　第三章　父母有必要"陪"作业吗？

30　孩子的教育不能仅依赖学校

32　助力不成熟的孩子走向心智成熟

34　观其行：孩子需要父母的鼓励和支持

35　父母需要知道的常识：关于学习的六个原则

39　对父母说的"私房话"

43　第四章　建立家庭作业规则的有效方法

44　欲善其事，先利其器：做作业前的准备

45　第一原则：保持友好和坚定

47　做作业的时间应固定不变

49　确定做作业需要的时长

50　先学习，后玩耍

54　将做作业分成三个阶段

65　不要让孩子把最难的任务留到最后

67　假期的时间管理：如何避免滑坡？

69　第五章　问题家庭诊断：怎样重建家庭作业规则？

70　孩子为什么需要家庭作业规则？

71　统一战线：父母之间的一致

目录

- 75 　建立明确的规则和期望
- 79 　利用对话帮助孩子记住规则

85　第六章　执行规则并不难：构建良好生活方式

- 86 　保障孩子的睡眠
- 90 　营养均衡
- 91 　安排特定的亲子活动时间
- 95 　做一个积极的倾听者
- 95 　引导孩子的闲暇活动
- 97 　安排体育锻炼：宣泄情绪和获得掌控感
- 99 　掌握好孩子一天的节奏

101　第七章　执行规则并不难：善用策略

- 102 　后执行：不应被忽视的行为强化方式
- 103 　描述性表扬：对积极行为的后执行
- 111 　"开始行为"策略：一言九鼎
- 117 　反映性倾听：有效激励孩子去做正确的事情
- 122 　正确奖励孩了
- 126 　数字时代的新问题：管理视屏时间
- 133 　重视后果：勇于并善于让孩子承担行为结果
- 139 　故障排除清单

第八章　常见作业问题的解决方案

142　问题一：很努力地做作业，却还是做不完
146　问题二：做作业时经常求助
147　问题三：总是想逃避做作业
148　问题四：不愿意写下来，总说身体不舒服
148　问题五：不肯尽力，敷衍了事

第九章　有效的学习技巧

152　改善书写
164　提高记忆力和了解常识
173　提高阅读理解能力
179　鼓励孩子动脑
187　提高写作技巧：从句子、段落到故事和散文
197　发展编辑和校对技能

附录

202　附录1　大脑的工作原理
206　附录2　作业奖励清单
208　附录3　学习习惯评估表
210　附录4　学习风格评估表

结束语

第一章

养育面向未来的孩子

好好"陪"作业：学习辅导的秘密

小敏是一位30岁的年轻女性，眉清目秀。此刻，她正恬淡安静地坐在咨询室内。她是被母亲强行拽到咨询室的，她一言不发，安安静静地坐着。母亲满脸焦急地说："我真的没有办法了，老师你说说，我培养她容易吗？她城市姑娘，名牌大学硕士毕业，有好工作，非要嫁给一个农民工出身的人，还比她大七八岁，你说说她是不是脑子坏掉了？老师你帮我劝劝她！"

相信很多读者看到这里都会说——学霸呀！妥妥的人生赢家！可惜人生不会停留在儿童阶段，不会只有求学经历，终要成人，承担成人的角色，有自己独立的人生。

在母亲的诉说中，小敏是一个典型的乖乖女，从小就听话，成绩优秀，进入"985高校"读大学，大学毕业后直研，不到25岁硕士毕业，进入"全球500强"企业工作。母亲说着自己为培养孩子做的各种努力——从舞蹈、绘画到各种培训补习；诉说小敏一直是自己的骄傲，被各种人羡慕……直到开始操心婚姻大事，给她安排了多少次相亲，但她非要找个农村的……以及自己的各种担心，担心孩子上当、不幸福等。

我们来看看月亮的背面，小敏说："他尊重我，听我说话——懂我！"从小敏的倾诉中，我们看到一个怯懦、不会拒绝人、不知道如何提建议、深感自己在大企业中正在被边缘化的默默无闻的小敏。"我从小到大的生活都是被安排好的，我都是大人了，我就想为自己做一回主，不行吗？"

小敏能在婚姻大事上为自己做一回主吗？

我问过很多人："你希望自己的孩子成为一个怎样的人？"这些人来自各行各业，受教育程度也各不相同。典型的回答如下：

第一章 养育面向未来的孩子

希望他能幸福！

希望他能自立！

希望他快乐！

希望他成为一个负责任的人！

希望他成功！

这些回答都过于抽象，无法具体描述，如：一个人要达到什么样的状态才是幸福的、成功的或快乐的人？后来，我换了一个问法："你们想不想要一个这样的孩子？每当想起他就感到温暖安心，不过分担心他在工作中能否胜任，不过分担心他作出的跳槽决定是否明智；听到他说和上级有冲突，不会愁得睡不着觉，相信他能够处理好；听到他说和朋友分手了，相信他的决定有充分的理由支撑，而不是冲动行事；相信他能处理好夫妻关系，不操心他的私人生活；最重要的是，相信他哪怕失败了也能重新站起来！"每当此时，课堂上就会充满叽叽喳喳的声音："谁不想要这样的孩子！""这不可能。俗话说：'当了父母就是苦海无涯，回头无岸。'不可能不担心，不操心的！"

因为"爱"，所以担心。这个"没毛病"，但是担心和焦虑有程度上的差异。假如"0分"是完全不担心；"5分"是担心，但没有影响正常生活，虽然想干预帮忙，但可以克制；"10分"是非常担心，不能安睡，坐立不安，正常生活受到非常大的影响，不能克制地要加以强行干预，在前述的案例中，小敏母亲的担心和焦虑程度大概是"10分"了。父母们要的应该是那个让他们的担心和焦虑在5分以下的孩子，我姑且把让父母的担心和焦虑在可控范围内的孩子称为"让人放心的孩子"。在什么样的情况下，小敏可以为自己的婚姻做主呢？一个不会提建议、不会拒绝人的人，能够作出好的决策吗？母亲的担心有道理吗？我们能不能培养一个具有决策能力的人？怎样才能养育出一个"让人放心的孩子"呢？

我们为未来培养人，每个孩子都是未来的成年人，都要在未来的社会立足，从这个意义上来说，教育的终极目标是让孩子能够独立地在未来立足，适应未来的社会生活。因此，我们培养孩子的时候不得不将目光放长远，着眼于未来，而不是仅仅在乎眼前一时三刻的得失。

变化中的世界

今天的孩子要为尚未存在的工作做好准备，使用尚未发明的技术，甚至于要解决我们不知道会成为问题的问题。

——理查德·莱利，克林顿政府的教育部长

当今是科技迅速发展，国际关系也风云突变的时代，没有人能够说清楚，未来科技的发展会给人类的工作和生活方式带来怎样的变化。30年前我们根本不敢想，中国会成为全球第二大经济体。1998年，托马斯·A. 斯图尔特（Thomas A. Stewart）[1]在《智力资本：组织的新财富》一书中提到知识经济的到来，认为1991年是"工业经济"和"知识经济"的分水岭，因为在那一年，美国在信息与通信技

---

[1] 智力资本方面的专家，《财富》杂志编辑委员会成员，《商业2.0》(Business 2.0)资深作家。主持《财富》的"前沿"(The Leading Edge)专栏，这是关于智力资本和知识管理最重要的论坛。

第一章　养育面向未来的孩子

术（计算机、服务器、打印机、软件、电话、网络设备和系统等）方面的支出首次超过了"工业经济"的商品（如用于农业、采矿、建筑的机器等）支出。这标志着信息、知识和创新时代的开始。从那之后，世界各国在信息、通信、移动技术等相关经济上的支出越来越多。由此，信息驱动、全球网络化催生了"知识经济"时代。这个时代与过去最根本的变化在于社会基础从工业基础转变为知识基础。知识和创新成为今天以及未来社会经济活动的核心驱动力。小到个人的发展，大到企业、组织乃至国家的繁荣都越来越依赖人力和智力资源。对个人来说，学习能力显然成为适应这个变化的巨大趋势的核心。这种变化就像从农业时代到工业时代的转变一样，整个世界和人们的生活都随之发生了深刻的改变。

一些经济学家对国民经济中工作任务随时间的变化进行了统计分析，发现计算机正在消除那些涉及解决常规问题或传递直接信息的任务。换言之，高度重复的工作正在逐渐被人工智能取代，如流水线上的工作、单纯的查询、计算等。在未来的劳动力市场上，非常规的解决问题技巧和复杂的沟通及社交技巧将越来越有价值；具有较高水平的沟通能力和问题解决能力的人将获得更高的工资，更有可能获得晋升。

21世纪，是一个全球化和扁平化的知识经济时代。所谓扁平化，简单地理解就是去中间层。显而易见的是，层次少了，信息传递速度就快了，信息失真可能性小了，当然有利于工作人员发挥积极性和创造性。在这个时代，工作任务更可能以项目的形式出现，一个项目也许由世界各地的人共同完成，设计、生产和销售都可能在不同的地方甚至不同国家实现，企业破产、并购经常发生，"每个人都在不断变换工作和工作内容"。过去从一而终的职业选择也许不能适应未来的生活。有句俗话说:"男怕入错行,女怕嫁错郎。"这句俗语的潜台词是只要第一次选择对了,就一生不愁。这种情况在二十世纪五六十年代是有可能的,人们随着企业或组织机构发展而在一个单位待到退休。今天这种情况已经发生了根本性改变,一个企业可能仅能存活几年,甚至一个行业都可能在一二十年内就消失了。(我用"中国企业的平均生存寿命"搜索了一下,结果显示为3.9年。这个数字不一定准确,仅供参考。)换言之,一个人一生中换好几份工作是常态。

扁平化也意味着传统的设计、生产、销售工作的界限已经模糊,这种条块分割的产业模式已经过时。传统上,从事设计的技术人员基本不受市场力量的影响,现在却要直接面对客户。在与客户的互动中,公司已经将他们的重心从设计和制造转移到销售上,这反映了以前不同活动的整合。所谓"学好数理化,走遍天下都不怕"已经不合时宜了,技术人员也要走到前台直接面对客户。如销售计算机应用程序的工程师除了需要技术知识外,还需要沟通、销售和网络技能,向客户展示自己的设计,解释其优劣以及听取客户的需求,允许甚至鼓励客户去影响设计过程,为他们量身定制符合需求的产品。目前,在全球劳动力市场中增长最快的工作就是与"技术服务"相关的工作,因为这样的工作一方面需要技术知识,另一方面又需要面向服务的沟通能力。这些沟通能力不仅仅是和人打交道的能力,还包括将专业的技术内涵恰当表达出来,让客户理解。

除此之外,互联网和其他先进媒体的广泛传播和使用,对我们的日常生活产生了深刻且全方位的影响。一方面,通信和互联网技术带给我们全天、无距离障碍的信息获取能力,似乎释放了无限的学习潜力；另一方面，信息碎片化、信息过载冲击着人们的日常生活，给人们带来困扰。如何从海量的信息中获取有用的部分成为人们学习能力的重要一环，如何获取、评估、创造以及管理信息成为 21 世纪成功人士必备的技能。

21 世纪需要什么样的能力？

20 世纪 90 年代以来，经济合作与发展组织（Organisation for Economic Co-operation and Development，OECD）和美国国家研究委员会（The National Research Council）分别多次组织教育、商贸、劳动和政府部门的专家研讨会，讨论 21 世纪知识经济时代所面临的变化，提出促进 21 世纪能力的教育方案。所谓"21 世纪能力"，指在 21 世纪具有核心竞争力的能力。参加研讨会的各行各业代表发现，各个行业的核心学术能力和工作能力是完全一致的，那些具有核心竞争力的人到哪里工作都容易成功。

简而言之，世界在快速变化，我们不知道科学和技术的进步会把未来的生活塑造成什么样子，帮助孩子形成和掌握可以"应万变"的能力成为最佳养育选择。

适应能力

"适应"是一个生态学术语，指生物体与环境表现相适合的现象。这种现象是经历长期的自然选择，需要很长时间才能形成的。如北极圈的动物大多是白色的，绿草丛中的昆虫大多是绿色的，变色龙可以改变身体的颜色，与周围环境保持一致，这些都是生物适应的典型表现。

就个人能力而言，所谓"适应能力"是指有能力、有目的地学习知识和技能，并把这些知识和技能灵活、创造性地应用在不同情境中。具有适应能力的人是自我指导的终身学习者，他们可以根据不同的情况选择恰当的知识和技能，进行有目的的学习，然后将所学灵活运用到新的问题情境中，以解决现实问题。同时，适应能力还强调个人的内在动机，以及对待新情况和变化的态度，主要包括以下四个方面：

第一，能够并愿意应对工作中不确定的、新的和快速变化的情况。

"能够"指的是能力，即有能力应对工作中的不确定性以及变化，简单来说，就是当新情况出现时有办法解决，包括当紧急情况或危机出现时能够有效应对。"意愿"更多指的是态度，和个体的内在动机有关，对工作中不确定的、新的和快速变化的情况不抗拒，甚至持欢迎的态度，愿意积极应对并将不确定性和新情况视为机会，愿意学习新的知识和技术。因此，适应能力中包括终身学习的能力和积极面对的心态。

尽管终身学习的范围很广，但一般认为，终身学习能力形成于小学和中学阶段，在人生早期阶段所获得的知识、技能、态度和价值观为终身学习的能力奠定了基础。

第二，能够应对工作压力。

通常工作负担过重、变换工作岗位、工作责任过大或改变等因素，容易引发工作压力，为变化作好准备是应对工作压力的重要策略。除此之外，负担过重和责任过大涉及对自身能力和任务的评估，这方面的能力与自我管理和自我发展相关。

第三，能够适应不同个性、沟通方式和文化。

通信和互联网技术使 21 世纪的世界成为真正的"地球村"，来自不同国家和地区的人可能成为同事或者共同协作完成某个项目；也可能向不同地区和国家的客户提供技术和服务。每个人身上都印刻着不同的文化痕迹，其价值观、宗教信仰以及文化习俗各不相同，有不同的习惯、思维以及信息处理方式，因此，适应不同的人、不同的沟通方式与文化习俗是有助于未来成功的重要能力。

第四，能够适应各种室内或室外工作环境。

身体适应也是适应能力的一部分。有些大型公司的工作场所分布在世界各地，工作环境也可能是多样化的。

复杂的沟通与社交能力

复杂的沟通与社交能力指能处理和解读他人的语言和非语言信息，并作出恰当反应的能力。这些能力包括：

第一，能够抓住某个比较复杂的想法的关键部分，用恰当的文字、言语和图像将其表达出来，与沟通对象建立共同的理解。简单地说，就是能够抓住问题的重点，以受众能理解的方式表达出来。

第二，社会洞察力。洞察力指透过现象看本质的能力。这种能力除了需要较好的观察能力之外，还需要较好的分析和判断能力。社会洞察力即对人或人群的观察、认识、识别和判断的能力，日常生活中经常说到的"有眼力见儿"说的就是这种能力。

第三，说服和谈判的能力。它包括揣摩对方的需要（社会洞察力），提出备选方案以及实施计划，还包括作出恰当的妥协和让步。

第四，指导能力。此处主要指教的能力，教的对象包括下属、协作伙伴等，重点在于如何根据被指导者的具体情况，将必要的信息传递给对方，使对方掌握与自身水平相适应的能力。

第五，面向服务的能力。在未来社会，如果说还有人工智能不能完全覆盖的行业，那服务行业必是其中之一。因为人工智能难以根据不同的服务对象，有针对性地提供个体化服务。如以一种可以理解的方式向非技术受众展示复杂的技术信息。过去当我们听到"这是个技术问题，你交给我们来解决就好"时，可能心有不甘，但也不得不接受。未来就不一定了，总会有人有能力用恰当的方式解释清楚他们向客户提供的是什么样的解决方案，而不是仅仅用"技术问题"来搪塞客户。未来的企业和机构非常需要这类既有技术知识，又有沟通能力的技术人员，这类人将是未来职业市场的热门选手。

解决非常规问题的能力

在未来社会，人工智能已经能够解决常规问题，即程序化的、有确定解决方案的问题，因此，单纯解决常规问题的劳动力市场必然会极度萎缩，大量的职位被人工智能取代，即便那些职位会雇佣员工，薪水也必然极低。从这个视角考虑，未来人工智能没法完成或完成不好的任务必然继续需要人力资源。人工智能不擅长的任务包括两大类：一是提供个性化解决方案的任务，如人际沟通、满足情绪需求的任务，这类任务需要比较好的沟通或社交能力；二是解决非常规问题。

非常规问题解决能力可以细分为六个部分：

第一，从大量的信息中提取关键信息，即缩小信息的范围，从而对问题作出更好的分析和判断。具有这种能力的人通常有一套系统解决问题的方法——启发式方法，即一套用来分析和转换问题的搜索策略，如将一个问题分解成若干个更小的问题，或者将问题可视化为图表来呈现。

第二，仔细分析和评估潜在的问题解决策略，判断其是否有效，并在该策略不奏效时执行另一个策略。

第三，产生创新性解决方案，超越常规范式和方法。

第四，整合看似无关的信息。

第五，识别初学者不会注意到的模式。

第六，具有信息在概念上是如何连接的知识，即某个特定领域的知识库。知识库包括构成主题领域内容的事实、符号体系、概念和规则，具有良好的组织架构，可以灵活访问。系统的学校教育可以帮助个体构建这个知识库。

系统思考的能力

系统思考的能力包括：理解整个系统如何运作的能力；理解系统中某部分的行动、改变或故障是如何影响其余部分的能力；对工作或任务具有"大局观"，包括判断和决策、系统分析、系统评估以及对工作过程中不同元素如何相互作用的抽象推理。系统思考的能力可以分为两类——系统分析能力和系统决策能力。具体来说，即学习并理解自己的工作职责如何融入机构或企业的战略、价值观和目标的能力；了解自己的工作将会如何影响其他团体或组织的能力；从多个角度调查问题或情况，以获得更整体的蓝图的能力。

有研究者将解决非常规问题的能力和系统思考的能力合并为"高层次的思维能力"。

高层次的思维能力

高层次的思维能力是利用分组、归类的认知过程进行归纳推理，得出结果，同时该结果远远超出所给的信息。福尔摩斯推理破案的过程能够很好地说明这种高级思维能力。由已知条件通过综合分析和推理得出结论，这个过程是以新颖的方式重新安排或扩展知识的过程。换言之，当人们将新获取的信息与存储在记忆中的信息相互关联、重新排列并且扩展这些信息以达到目的，或在令人困惑的情况下找到可能的答案的时候，就是在进行更高层次的思考。它包括以下一组具体的能力：

第一，生成、分类和处理复杂信息的能力。这是面对一大堆纷繁复杂的信息，如何去伪存真，条理清晰地梳理出脉络，并提出应对之法的能力。除了分类和处理复杂信息之外，还包括生成信息的能力，也就是向他人提供有效信息的能力。

第二，系统思考和批判性思考的能力。系统思考的能力是对事情进行综合分析和从整体出发全面思考问题，强调把目标结果与实现该结果的过程、过程优化以及对未来的影响等一系列问题作为一个整体通盘考虑。批判性思考的能力指通过一定的标准评价思考，进而改善思考。这是一种反思性思考，杜绝人云亦云。

第三，权衡不同形式的证据，作出决策的能力。好的决策过程包

第一章　养育面向未来的孩子

括综合考虑各种信息,并对重要信息进行加权处理,预测并评估各种可能的结果,并最终作出决策。就前述案例而言,选择潜在的婚姻对象就是个典型的决策过程,需要综合考虑很多因素,如双方家庭文化的和谐与冲突,与受教育水平相关的价值和态度融合,未来生活的共同努力方向,等等。显然,小敏的母亲并不认为小敏具有作出好的婚姻决策的能力。或者说,小敏并没有向母亲提供足够的信息来呈现自己的决策过程,让母亲信任自己的决策能力。

第四,就不同主题提出有意义的问题的能力。提问的能力是在儿童教育中容易被忽视的能力之一。一方面,父母们通常认为孩子没有提出问题是学得比较好的标志;另一方面,父母们可能也害怕孩子提问,因为不知道如何解答问题,所以容易采用简单粗暴的方式遏制孩子提问,或者用敷衍的方式让孩子知道提问是不被鼓励的行为,孩子也就逐渐变得不爱提问了。提出好的或者有意义的问题,需要对信息进行分析、综合、归纳、推理,且具有批判性思考的能力才能够做到,因此,鼓励孩子提出有意义的问题(包括现实问题和形而上的问题),可以发展孩子分析和综合信息的能力,同时也能发展其批判性思考的能力。

第五,创新能力。高层次的思维过程本身就包含了以新颖的方式重新安排或扩展知识的能力。创新无疑是未来社会发展的重要推动力,也很可能是未来就业的重要来源。21世纪对创新者来说是一个最好的时代,通信和互联网技术解决了时间和距离问题,无论你的发明和技术多么小众,互联网都能帮助你找到志同道合者,你都能为需要你的人群提供技术、产品和服务,更不用说大的创新和技术对整个时代的影响。

第六,能够识别和解决现实世界的问题的能力。这包含两种重要的能力:其一是识别出问题,和前述"提出有意义的问题的能力"相似;其二,重点关注现实世界,即从纷繁复杂的现实世界中发现问题的能力。当然,仅仅发现问题是不够的,能够基于现实需要解决问题才能在未来世界更好地立足。

自我管理和自我发展的能力

随着通信技术的发展,远程协作和工作的能力成为未来社会人们必备的技能之一,尤其是 2020 年新型冠状病毒肺炎疫情的出现,将远程学习和工作拉近,很多学校、企业和机构准备在未来逐步发展的远程工作计划迅速变成现实。在没人监督的情境下,独立自主的学习和工作需要非常强的自我管理和自我发展的能力。

自我管理和自我发展的能力包括:在虚拟团队中远程工作的能力;独立工作的能力;自我激励的能力;自我监督的能力;愿意并有能力获得与工作相关的新信息;愿意并有能力获得与工作相关的新技能。所谓"愿意",指推动能力发展的驱动力,包括为自己制定高标准的目标,完成困难的任务,在克服障碍时保持专注和执着;所谓"能力",指知道如何才能高标准地达成目标。

自我管理和自我发展的能力的表现还包括承担责任的能力,如即使是很困难或不喜欢的任务,也能承担责任,在没有太多监督的情况下高效地工作,为自己的错误承担责任,等等。

研究表明,青少年在学习上需要自我管理的能力,但是在缺乏教学和指导的情况下,这种能力不会自然发展。自我管理的一个要素是自我效能感或者说自信，认为自己有能力参与并完成一项学习任务，一个经常失败的人是无法形成对自己能力的信任感的。自信对于学习自我管理极其重要。

什么是具有"21世纪能力"的人——以小培为例

小培大学毕业以后一直在技术开发部门工作，她工作积极努力，能够很好地完成自己分内的工作，同时也愿意配合与协助相关部门和同事的工作，取得了很好的工作绩效，被领导和同事们认可。最近，公司抽调不同部门的员工攻关一个跨国协作的新项目，小培被任命为新项目的经理助理，负责协调国内、国外技术人员的工作。对小培来说，这是一项全新的工作，离开自己熟悉的工作和环境让她有些焦虑，同时又有些兴奋。她一方面担心自己在一个全新的领域能否胜任，另一方面又觉得有机会学习新的知识和技术是很好的挑战和机遇。她开始利用一切可能的时间和机会学习新的知识，了解项目流程和目标，同时积极和领导以及同事沟通。

一段时间以后，小培掌握了新项目的具体目标和工作流程，并对关键技术人员以及他们擅长的领域有了了解。她把这些做成了相关工作图表和进度表。小培每天跟进项目组的工作进度，积极与相关技术人员沟通，协调和解决子项目之间的冲突。

在项目进行过程中，小培遇到过几次危机。有一次，由于小培没能顺利地与国外的技术团队沟通，导致项目进程延缓，被领导批评。一开始，小培觉得自己有些委屈，希望领导能够理解自己尽力了，是"老外"不通情理，但很快她就调整好心态，以开放的态度去理解不同的人有其独特的沟通和解决问题的方式，自己的任务是协调和促进合作。她一方面查找和收集对方国家的文化和行为方式，另一方面向与对方接触和合作过的人咨询，很快便使国内、国外技术小组就工作方式问题达成一致。还有一次，两个子项目组发生了冲突，彼此都不认同对方的解决方案，使得项目进程延迟。小培利用自己对项目整体流程的掌握，从部分服务整体的视角出发，成功说服双方作出调整，解决了冲突性问题。由于小培出色的工作表现，项目结束后，她被任命为一个新项目的执行经理。

小培的素描：积极主动，具有很好的学习和适应能力；擅长沟通与协调，有很好的情绪调节能力；了解自己，知道通过什么途径能够获得相关信息，对自己的发展有很好的规划；具有很好的判断和决策能力。

人们很容易从一个明显的现象中推出一个错误的结论。由于具有 21 世纪能力的成人优秀且突出，容易被注意到，在追溯其成长历程时，很容易发现他们小时候的学习成绩通常不错，人们便轻易得出结论：成绩好的孩子自然具有 21 世纪能力。事实上，那些具有 21 世纪能力的成人在学生时代通常学习成绩比较好，在学校表现也不错，但这并不意味着所有小时候学习成绩好的孩子未来都具有 21 世纪能力。在小学和中学阶段学习成绩不错但没有发展出相对应的能力的人，在成人阶段通常"混"得也不好，只是不容易被人们注意到。

好的学习成绩是能力发展的结果，不能本末倒置，仅仅关注学习成绩本身。作业的完成水平在很大程度上反映了孩子的学习能力、思维能力以及自我管理能力。孩子可以通过做作业获得很多额外的能力，这些能力是 21 世纪能力的基础。

学业成功需要的三大技能

所谓"技能",在心理学中的专业定义是指个体运用已有的知识经验,通过练习而形成的一定的动作方式或智力活动方式。① 本书中将可以通过学习和磨炼获得的技术与能力简称为技能,强调其习得性,也就是那些可以通过学习和练习"学会"的能力。

学生在学校要取得成功(我们在此强调在学校取得成功,而不是单纯的学习成绩好,是因为它是一个综合性概念,除了学习成绩好之外,还包括乐观、积极、自信、自我感觉良好,以及有好的同伴和师生关系,较少抑郁和焦虑,等等),通常要具备三大技能。

第一,基本的学术技能——听、说、读、写、算等方面的技能。

这些技能是孩子在学校需要学习和磨炼的,学校提供了学习这些技能的环境和机会,孩子最终能够在多大程度上掌握这些技能则因人而异。就像游戏中的"打怪升级",新手遇到的通常是"小怪",它们简单好打,也不会给新手造成太大的困扰,但新手可以通过打"小怪"来磨炼"打怪"技能,从新手变成熟手。从小学到中学,学习内容由易到难,学生们通过简单任务练习各种有助于发展21世纪能力的技能。随着自然升学,学习内容逐渐变得复杂、抽象,相应的技能也逐步升级,越来越娴熟。

第二,积极的态度——热情、积极、合作、好奇心、自力更生、控制冲动、竭尽全力、耐心、毅力、深思熟虑等。

---

① 车文博. 心理咨询大百科全书 [M]. 杭州:浙江科学技术出版社,2001:121.

"态度"是个体对特定对象（人、观念、情感或事件等）所持有的稳定的心理倾向。这种心理倾向蕴含着个体的主观评价以及由此产生的行为倾向性。因此，态度也是"技能"，是可以学习和磨炼的。

我们经常听到父母抱怨，一让孩子做作业他就烦躁、不高兴，还有些父母说自己的孩子很懒、没有耐心、依赖性强、讲条件等，这些都是消极的态度。消极的态度也是习得的，培养孩子积极的态度甚至比让其掌握某些特定的知识内容更重要。在工作中，如果某些同事总是消极怠工，各种抱怨，从来不在自己身上找原因，大概没有人会希望身边有这样的同事。

第三，好的习惯。

- 听指挥；
- 接受纠正并愿意从中学习；
- 练习新技能，直到自动化；
- 不抱侥幸心理（希望小问题或错误不被发现）；
- 不陷入困境，直面和解决问题；
- 注重细节；
- 有开放的心态——准备从任何情况中都学到一些东西；
- 表现得友好、好奇、有礼貌、尊重、体贴，给人留下好印象（与个人喜好无关）；
- 坦然接受赞美，肯定自己的进步。

这些好的习惯可以让孩子比较高效地学习，在学校获得成功。有意思的是，孩子在进入学校之初，并不天然拥有上述习惯，这些习惯有待在成长过程中习得。在学习过程中有意识地进行习惯训练就显得非常重要。陪伴孩子从简单任务开始，逐步有目的地养成习惯，是父母应该承担的重要任务。

人生早期阶段所获得的知识、技能、态度和价值观，奠定了终身学习习惯的基础。养育孩子的长期目标是让孩子自律，完善智力技能以及身为学习者而感到自信，使他们成年时能发挥所有的潜能。

成长是一个过程。

21 世纪能力与完成作业的关系

孩子通过完成作业可以进行多项技能训练，它们与多项 21 世纪能力可以一一对应。表 1 列出了这两者的对应关系，供父母参考。接下来，我们也会在其他章节详细讲述这些能力的具体培养方式。

表 1　21 世纪能力与完成作业的对应关系

	21 世纪能力	完成作业
适应能力	能够并愿意应对工作中不确定的、新的和快速变化的情况	积极主动地完成任务的态度；学会学习；在学校取得成功带来的自信
	能够应对工作压力	通过处理作业带来的压力，学会应对压力的技能
	能够适应不同个性、沟通方式和文化	适应不同的学校、老师和同学
	能够适应各种室内或室外工作环境	身体锻炼
复杂的沟通/社交能力	选择一个复杂想法的关键部分，用恰当的文字、言语和图像来表达，以建立共同的理解	找到解决问题的关键部分；用图示的方法归纳知识、任务流程；语文作业中的简写、概括、说明等；通过背诵以及口头报告作业训练口头表达能力
	社会洞察力	人物分析；学校情境中的师生、同伴关系；家庭成员之间的沟通
	说服和谈判的能力	家庭作业规则的制订过程；小组协作作业
	指导能力	小组协作作业；涉及概括和表述的作业
	面向服务的能力	涉及概括和表述的作业

续表

	21世纪能力	完成作业
解决非常规问题的能力	缩小信息的范围以诊断问题	涉及根据情况使用不同类型的推理（归纳、演绎等）的作业
	思考潜在的问题解决策略是否有效，并在该策略不奏效时执行另一个策略	尝试用多种方法解答同一类问题；评估自己的解题思路和策略
	产生创新性解决方案	涉及创造性的作业
	整合看似无关的信息	熟能生巧
	识别初学者不会注意到的模式	熟能生巧
	具有信息在概念上是如何连接的知识	涉及概括和表述的作业
系统思考的能力	系统分析	涉及综合性任务的作业；涉及整体的各个部分如何相互作用，从而产生整体的结果的作业；统筹安排作业计划
	系统决策	
自我管理和自我发展的能力	在虚拟团队中远程工作的能力；能够独立工作的能力	整个完成作业的过程都在培养孩子独立完成任务，即有自律的能力
	自我激励的能力	培养好奇心、开放的态度，每一次通过努力获得成功，体验到成就感，都会增加孩子学习的内在动力；把失败视为学习的机会
	自我监督的能力	每次作业完成情况的评估都能够锻炼孩子自我评估的能力
	愿意并有能力获得与工作相关的新信息	积极的态度；学会学习
	愿意并有能力获得与工作相关的新技能	积极的态度；学会学习

第二章

作业到底有什么用?

> 学而时习之，不亦说乎。
> ——孔子《论语》

"作业到底有什么用？"这可能是很多学生和父母的疑问。作业的功能有些为大家所知，有些可能被忽略，但这些功能都很重要。实际上，作业是学校生活的延伸。通过对作业情况的反馈和评论，父母、学生和老师联系在一起。

查漏补缺，发现未掌握或理解有误的知识

孩子在学校进行课堂学习，学习内容是否领会或知识点是否掌握，甚至是否理解有误，孩子自己是不知道的，当然，此时老师也不知道，这就需要通过作业来发现答案。我们可以通过作业的完成质量来推测孩子的听课状况，及时发现孩子的学习问题并加以解决，如此便可防止问题持续存在，造成更大的困扰。

反思与内化：按自己的节奏与方式学习

做作业可以让孩子按自己的节奏和方式消化和掌握知识。每位老师都有自己的教学方式和风格，课堂教学面对的是全体学生，老师并不能针对每位学生的具体情况调整自己的教学节奏，因此需要学生去适应老师。

课后作业可以让孩子探索自己的学习方法，调整自己以适应老师的教学方式，逐渐形成适应策略，包括判断不同老师的讲课风格。如

有些老师开场就讲新内容或重点内容,有些老师则先回顾已讲解过的重点知识或作业批阅过程中发现的问题,还有些老师比较慢热,可能会先说一些延伸出去的问题,随后进入重点。孩子在做作业的过程中,可以通过回顾课堂教学内容,对照自己所掌握的知识,慢慢熟悉老师的讲课风格,从而调整自己的听课策略。他们还会通过老师抑扬顿挫的讲课声分辨出哪些内容是重点,哪些不是。这种会听课的能力是在潜移默化的过程中习得的。他们不能诉诸语言,但自己内心明白,因此,需要给孩子反思与内化的时间。孩子需要按照自己的节奏和方式学习,这种能力会伴随孩子终生。

及时复习和练习学习技能

作业可以帮助孩子熟练掌握已学的知识,练习各种学习技能。以记忆为例,儿童的记忆能力和记忆策略均是逐步发展而来的。

记忆力和体力一样,需要通过不断使用来锻炼和提高,但如何有效地使用就涉及记忆策略。一般来说,孩子要经历"没有策略——有策略但不会用——用了也不能提高成绩——熟练使用"这四个阶段才能成为熟练的策略使用者(其他策略从无到熟练掌握也要经历这四个阶段,如注意的策略)。因此,孩子需要通过不断尝试和使用记忆策略来获得相关的能力。如"复述"这一记忆策略,老师或父母告诉孩子多读、多背诵,能够帮助他们记忆。但是对于年龄比较小的孩子,如幼儿园或一年级的孩子,当他们需要记忆的时候,可能会忘记使用这一策略,或者即使使用了这一策略,效果也不如能熟练使用这一策略的大孩子好。他们需要不断地练习才能熟练掌握。当然,随着学习的深入，他们会逐渐获得精细加工等较高级的记忆策略。即使如此，他们对这些策略的使用也远远没有达到成人水平，理解力不成熟，很可能刚学会的知识很快就忘记了。此时需要父母理解，并不是他们不努力。如果遭到父母的批评，很可能会让他们对自己失望，感到沮丧（后文会具体探讨如何"陪"作业）。

家庭作业也给了孩子机会去"思考"那些在课堂上仅仅提及但没有深入讨论的内容，使孩子有练习和运用的机会，毕竟，单纯地看和听别人做事与自己做事是两码事。没有人生来就会写文章和做算数，这些都是需要反复接触与练习才能提高技能。

水滴石穿：作业质量对孩子心灵的长期影响

很多研究都证明，家庭作业能够显著提高学生的能力水平、成绩和班级排名，其完成质量直接影响孩子的学业成绩，而学业成绩对孩子的发展来说非常重要：

- 当孩子的天赋得到充分发挥，他们会感到更快乐，对生活会更热情、更积极和主动。
- 能力造就自信。
- 在学校学到的知识、技能和习惯，对以后的深造、工作、人际关系和休闲活动都很有帮助。
- 学校是孩子的"工作场所"，学习是孩子的工作，而社会非常重视这项工作。父母、亲戚、邻居甚至陌生人都有可能会问："你在学校怎么样呀？""你的成绩如何？""考得好不好？"
- 人们常常会根据孩子的学习成绩对他们进行评判，孩子很快就会内化这种评判。同学之间也会关注并谈论学业成就、成功或失败。
- 当一个孩子不喜欢自己的"工作"或者总是表现不好，他又没有办法拒绝这项工作或换一个工作时，就只能默默承受或大声承受（默默承受指孩子将所有的沮丧、挫败、痛苦指向自己，认为是自己不好，即批评和攻击自己，导致情绪低落甚至抑郁；大声承受指孩子将挫败和痛苦发泄到周围人身上，给周围人制造麻烦，即向外攻击，他们可能会成为不受欢迎的人）。

一个很少经历、体验成功的孩子，随着时间的推移，会逐渐丧失信心和热情。他们会开始认为自己是一个失败者，一个令他人也令自己失望的人，并放弃尝试。他们可能日复一日、年复一年地在学校勉强度日，并将这种状态延续一生。

上述功能是大家都知道的作业的功能，其实，作业还有其他的隐性功能。这些隐性功能对孩子的成长和长远发展来说可能更重要，因为它们对孩子的能力培养有举足轻重的作用。

作业是孩子要面对和负责的第一项任务

在孩子成长的过程中，很多事情都是父母帮助完成的。在上小学之前，孩子很少有独属于自己并且必须独立完成的任务，他们在日常生活中遇到的所有问题都会由成人帮助解决。即便有些任务是由他们自己独立完成的，他们也不担负与任务相关的责任。没有人（包括成人和孩子自己）会认为学龄前的孩子需要对某个任务负责，直到完成第一份作业的任务来临。

作业是完全由孩子自己去面对，并且负有责任的第一项任务。作业教会孩子责任感，他们要自己把作业和作业要求带回家，自己完成并把它们带回学校。从老师布置作业到完成并上交，在这个过程中，责任始终在孩子肩上。这个任务将对孩子的生活和未来产生巨大的影响。通过完成作业，孩子学习必须掌握的知识，发展相应的能力。如果将来要成长为独立、积极和成功的成年人，他们就必须学会听从指挥，独立工作，启动并完成任务，管理自己的时间，发挥自己全部的潜力。

孩子最终形成的对待作业的态度，预示着他们未来对待工作的态度。因此，要传递给孩子这样的信念——作业是他要完成的最重要的工作，其他活动都要为完成作业让路。

很多人都有过这样的经历：一边提醒自己还有工作没有完成，一边又消极怠工，直到截止时间临近，才开足马力疯狂加班，最终赶在截止时间到来之前完成任务。随后下定决心，下次一定早早开始干活，不要踩着截止时间工作，让自己没有任何回旋的余地，即便发现还有更好的方案也无法修改，只好说一句："好遗憾呀！本来可以更好的。"其实，在没有好好完成任务的这段时间里，也无法完全没有心理负担地娱乐或休息，因为总是想到还有未完成的任务，感觉非常不好。但是，每当新任务来临，依然会走老路，如此周而复始，几乎无法享受完全没有心理负担的生活。

孩子需要没有心理负担的时间，一旦习惯于享受没有负担和负疚感的时间，就会积极完成任务，让剩下的时间成为真正的享受。

做作业是一种综合能力训练

通过做作业，孩子有机会将学到的知识和技巧应用于实践，提高各种学习技能以及自我管理能力。

- 训练规划能力。通过对作业的安排来练习时间管理和任务规划能力。
- 练习问题解决能力。做作业的过程本身就是问题解决的过程。
- 形成情绪管理策略。通过处理面对难题时的情绪问题，学会在压力下解决问题，而不是担忧问题，学会情绪管理。
- 学会自律。
- 获得自信。孩子通过自己的积极努力最终达成目标，这个过程能够让孩子获得自我效能感。（通俗来说，自我效能感就是一个人相信自己能够做到且做好的信念。）

作业是父母了解孩子的窗口

作业为父母提供了参与孩子教育的机会。父母参与孩子的做作业过程有助于父母了解自己的孩子，了解学校提供了什么样的学习内容，学校的评判标准是什么样的，与自己的评判标准是否有出入，进而更新自己的评判标准。

了解课堂上的教学内容和课程进度也能让父母更积极主动。如果孩子在某一门课上有困难，了解教学内容的父母就可以帮助孩子。此外，知道课堂教学内容的父母会因为有所准备而受益，不太会让孩子出现星期一布置的作业到星期五要交时还未完成的情况。

在陪孩子做作业的过程中，父母还可以加深对孩子的了解，了解他们的兴趣爱好、学习风格、个性特征、同伴关系、能力等。如果父母没有跟孩子谈论科学课，可能就不知道自己的孩子害怕蟑螂；不参与孩子写作业的过程，也许不知道孩子是班上的"数学家"，同学有数学问题都会来找他帮忙解答。这些信息既有助于建立良好的亲子关系，又能够为父母个性化的辅导提供基础，还有助于父母将自己的人生经验以孩子能够接受的方式润物细无声地传授给孩子。

孩子生命中最重要的人是父母。通过家庭作业，孩子能够获得父母对某一主题的个人见解和实践经验。例如，孩子在学习地理时，可能会听到父母谈及自己曾经在某个地区出差过或生活过，谈及那个地区的生态、民俗等，还能够听到父母的生活史。这个过程不仅能让孩子受益良多，而且有利于增进孩子对父母的了解和情感。有哪位父母不喜欢在孩子眼中显得乐于助人和聪明睿智呢？

做作业不仅是孩子完成学校布置的任务的活动，还是父母施加影响的活动。

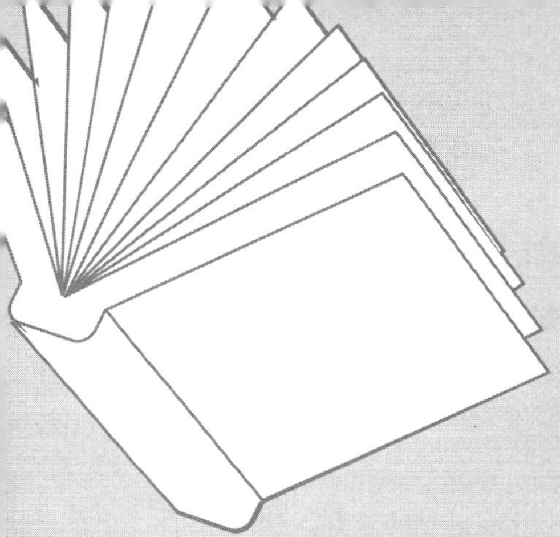

第三章

父母有必要"陪"作业吗?

为人父母最重要的工作之一是传递我们认为重要的价值观、技能和习惯。对于小学和中学阶段的孩子，和父母一起"工作"的主要时间就是做作业和学习的时间。在这个过程中，父母可以潜移默化地影响孩子。

孩子的教育不能仅依赖学校

父母需要参与孩子的学习过程，因为学校并不能帮助所有孩子发挥潜能，不能期待老师训练孩子获得所有重要技能。家庭作业为父母提供了参与孩子教育的机会，是父母帮助孩子学习重要技能和习惯并发挥孩子潜力的工具。

在课堂教学过程中，老师的讲课速度、课程进度通常最符合大部分中间水平孩子的需求。当大多数学生表现出他们已经准备好了时，老师就会继续讲授新的内容。需要更多时间来消化知识的孩子往往得不到更多的时间。任何学生，如果在进入下一项学习任务之前，有足够的时间掌握前一项学习主题或技能，他就会学得更成功并感到自信，也会表现得更成熟。每一项新技能或学习主题如果建立在先前已经掌握的技能或学习主题的基础上，这些技能或学习主题就会更容易学习和被记住。反之，当学生还没有掌握某些基本技能和学习内容，以后的学习都是无源之水、无本之木，很难从学习中获得成就感和快乐，他们的知识或技能体系会逐渐崩溃。

最好的教育是照顾到每位学生的差异。遗憾的是，任何一位老师，无论他多么有天赋、有奉献精神，受限于精力与时间，都不可能像父母那样关心孩子的成功。在任何一间教室里，教学进度都适合大

第三章 父母有必要"陪"作业吗?

部分学生的水平,位于两头的学生很难被照顾到。那些聪明、能干、有天赋的学生会觉得课程很轻松,甚至很无聊;另一头的学生则可能一直在苦苦挣扎。这些孩子很少经历成功,时间一长,他们会逐渐失去信心和学习热情,逐渐认同自己不行,是失败者,是令人失望的人。这是所有的父母都不愿意看到的。这些孩子也许只是需要更适合他们的学习方式,更多更精细化的练习时间,来帮助他们掌握某些基本技能和学习内容。

抱怨或责备学校不能照顾到每个孩子的个体差异,除了浪费时间,没有任何意义,最好的解决办法就是父母在家里提供孩子需要但从学校得不到的东西,利用一切机会引导自己的孩子尽最大的努力,成为最好的自己。

在许多情况下,父母可以帮助孩子将所学知识与实际相联系,为如何将学科知识应用于实际提供实例。这样做可以帮助孩子认识所学习知识的价值。记得我的孩子在初中学习物理的时候遇到一道题,问的是节能灯和普通灯哪种用起来更省钱。题目分别提供了两种灯泡的单位耗电量、使用寿命和购买价格。孩子通过计算发现普通灯更省钱,她感到非常奇怪,便来问我这是怎么回事。我问她是如何计算的,她说普通灯便宜,到使用寿命了花的钱更少,不过节能灯还能用。我就说:"你的意思是,这个灯泡坏了之后,我们家就摸黑吗?"她瞬间就醒悟过来,明白这道题应该如何计算。直到今天即将博士毕业,她还会提及这道题给她的深刻印象。在此之前,她一直认为学习内容和生活实践离得很远。

另外,孩子的自我控制、自我管理的能力以及自律性需要逐步培养。如果父母不干预,允许他们敷衍了事地完成任务,他们就不会获得好的成绩,也不会从完成任务的过程中获得满足感,不会为自己感到骄傲,甚至学不到该学的东西。因此,孩子需要父母的监督,也就是所谓的"内控不足外控补"(内控指自我管理和自我控制;外控指他人帮助管理和督促)。父母可以要求孩子尽最大的努力,一旦孩子通过努力获得了成功,这些努力的过程和成功的结果都会让他们在自信、积极、独立和深思熟虑方面获得成长,同时变得更合作、更不抗拒。所以,孩子需要父母的帮助才能更好地学会学习。一个会学习的孩子会更喜欢学习,从而进入良性循环过程,最终成为一个积极、主动、有能力的成年人。

助力不成熟的孩子走向心智成熟

孩子是不成熟的,这个不成熟有双重含义。

其一,他们的身体发育不成熟,主要是大脑发育不成熟。神经科学研究发现,人类的大脑直到青春后期和成人早期(20岁左右)才能真正相对成熟(相对的意思是指人脑终生都在发展)。大脑发育遵循从下到上、从后到前的顺序。也就是说,那些和基本生理功能相关的脑区,如主管生命基本功能的脑区,会先发育,例如延髓——生命中枢所在,在出生时就基本发育完成了。这部分脑区也被称为"爬行动物的脑"或"蜥蜴脑",其功能与爬行动物相应脑区的功能基本相同,主要调节呼吸、心率、体温、睡眠和觉醒等。接下来发育的是被称为"古哺乳类脑"的脑区,其主要功能和动物的本能有关,包括觅食、战斗、逃跑以及繁衍,主要加工运动、感觉和情绪等方面的信息。最后发育成熟的脑区是前额皮层,这部分脑区是最晚进化的,也

第三章 父母有必要"陪"作业吗？

是人类和其他物种，包括非人灵长类动物差异最大的脑区，是最具有人类独特性的脑区。这部分脑区的主要功能是执行功能，即解决问题，维持注意并控制冲动，具体包括制订计划、监督执行情况、控制情绪和冲动行为、逻辑推理和抽象思维等功能。人类独特的高级功能都是由前额皮层完成的。

其二，他们的心智也不成熟，很多技能都需要学习和练习才能够掌握。幸运的是，行为能力和大脑发育可以同步发展。也许这是自然给人类最大的礼物——人类的大脑直接在它将要适应的环境中成熟。简单来说，孩子的大脑具有高度可塑性，它在现实环境中被塑造，就像你家刚购买的人工智能扫地机，它需要在现实环境中才能学会最佳扫地路线，学会到哪里去充电——自组织学习。当然，孩子的大脑比这个复杂得多，预设的程序也复杂得多，但是基本原理类似，或者说今天最先进的人工智能就是对人类神经系统工作模式的粗浅模仿。

神经系统总是积极地加工各种信息，如果没有信息输入，相对应的神经系统就会萎缩或去干别的工作。科学家做过很多有关神经系统发育的实验，如将刚出生的小猫或小猴子的一只眼睛缝合起来，过一周拆除缝合线后发现，小猫或小猴子的这只眼睛在生理结构上完全正常，但是盲了，而且无法恢复。这是因为在视觉神经系统发育的关键时期，没有视觉刺激，相对应的神经细胞就会消亡，或者转而承担其他功能。这种现象在人类身上也能发现，如那些先天白内障患者，即便成年后接受了白内障手术，他们也不能形成正常的视觉，通常没有深度知觉，无法判断物体的远近、高低，无法判断正在行驶的汽车离自己的远近，等等。幸运的是，人类的关键期比较长，在成年之前，在神经系统发育成熟之前，都有机会补偿。

影响人类大脑的因素很多，所有这些因素都要通过个体经验去影响大脑神经环路的建构。这些神经环路是人们加工信息、输出行为的基础。遗传学、神经科学、教育学和心理学的研究发现，从基因表达到高级思维模式的建立，都受到个体的经历和经验的影响。对儿童来说，学习经历和体验是成长过程中最重要的经验，而做作业无疑是学习过程中的重要一环。通过做作业，孩子练习课堂教学内容，熟练掌握如何处理文字等抽象的符号信息；学会安排时间，制订、修订并执行计划；学会在压力下工作，调节自己的情绪；学会了解自己，包括优点和不足，理解自己信息加工的偏好，知道自己的边界；等等。

古代的"孟母三迁"，今天的父母"择校"，其实质都是在为孩子选择成长环境。在不同的环境中，孩子可能经历不同的事件，会有不同的体验，这些体验都会在大脑中留下痕迹，可能成为人格的一部分，思维模式的一部分，自我认识的一部分。家庭无疑是孩子成长最重要的环境，父母是孩子最重要的人际交往对象。孩子通过在真实的环境中参与真实的活动来形成能力，所以不同的技能在同一个孩子身上的成熟度也会有所不同。

观其行：孩子需要父母的鼓励和支持

大量的研究表明，父母的鼓励和支持是决定孩子在学校表现好坏的最重要因素。孩子可以忍受不称职的老师，只要有父母的支持与鼓励。孩子会在和老师相处的过程中学会如何与不同的人，尤其是他们不喜欢的人打交道。但是，如果没有家庭的鼓励和支持，几乎可以肯定孩子会对学习和学校形成消极的态度。

父母要让孩子知道，教育对他们很重要，但单纯通过言语强调是不会引起孩子重视的，孩子并没有成熟到足以判断长远收益。他们更可能"左耳进，右耳出"，这并不是孩子不认真、不重视，而是由他们的能力决定的——他们做不到。他们不具有将抽象的言语转化为实践的能力，需要通过身体实践来逐步训练该能力，即训练执行力。所以，当父母说"这些话，我说得自己都犯恶心，他还是不听"，这句话本身就不正确，因为"光说不练假把式"，孩子需要引导，尤其是从行为上引导，而不是光说不练。

如何才能让孩子认识到学习是他们生活中的头等大事呢？无疑需要在日常生活中体现出来。父母可以通过对作业的重视，向孩子展示自己对孩子在学校取得成功的重视。所谓"听其言，观其行"，只有言行一致，孩子才能知道这是一项非常重要的工作。如果父母不断占用孩子做作业的时间，或者允许他们优先去做那些与做作业无关的活动，孩子就不可能深切地感受到做作业很重要。

父母需要知道的常识：关于学习的六个原则

有很多关于儿童如何学习以及影响学习的因素的研究，以及关于大脑、任务时间、动机、毅力和学习者差异的研究，为帮助孩子学习提供了有价值的信息。

原则一，学习需要时间和精力，技能需要练习。

研究发现，花费在练习解决问题和扩展知识基础上的时间和精力是影响学习成功的重要因素之一。学习在本质上是由学习者自己进行的活动。他人，包括老师和父母都不能将新的知识装入孩子的脑袋里。每个人拥有的知识只能由这个人直接访问。从这个角度来说，学习者必须自己构建新的知识结构。这意味着，学生才是学习过程中最重要的人，学习过程发生在孩子的头脑中，需要孩子不断练习才能使其逐渐完善，家庭作业往往是用来练习的。研究证明，掌握一项技能需要有重点的练习。在此之前，首先要确保孩子正确地练习技能。这一点非常重要，如果孩子的理解有误，他们练习得越多，就越有可能内化不正确的方法，将来就越难以纠正和内化正确的技能。

其次，必须给孩子足够的时间来练习，直到达到自动化的程度。所谓自动化的程度，是指当需要时大脑可以自动提取相关的知识，可以下意识地作出某些行为。就像已经熟练掌握游泳技术的人，什么时候把他扔到水里，他都会浮起来、游起来，如果问他如何游，他反而需要想一想。自动化可以节省心理资源，让更多的心理资源去加工更复杂的认知任务。我们经常听到孩子说："这道题我会做，只是粗心大意了，才会做错。"父母也会替孩子遗憾，认同"这孩子就是粗心"。事实上，粗心的出现应该是小概率事件，如果孩子经常粗心，更可能是孩子对学习内容的掌握没有达到自动化的程度。简单任务可以通过不断练习达到自动化的程度，如背诵"九九乘法表"。达到自动化的程度是指，可以脱口而出任何两个数相乘的答案，不用思考，答案也是对的。对于一些简单的知识点、简单的问题，孩子容易错认为自己已经达到自动化的程度了，会迅速完成这类题目，想当然地认为自己不会做错，在检查时也草草掠过。真实情况是，孩子并没有达到自动化的程度，这类问题他们仍然需要停下来好好思考才能做对，这就造成所谓的"粗心"现象。所以，对于基本知识、简单问题，应该不断练习，达到自动化的程度。这一点孩子通常不懂，他们觉得会了就行，用不着不断练习。而事实上，不断练习以达到自动化的程度才是学习的最高境界，也符合大脑的可塑性特征（见附录）。

最后，在数天内，每天进行少量的练习，即分布式练习，这一方法优于在较短时间内进行大量练习。

原则二，新的学习必须建立在现有的框架上。

孩子已经掌握的知识对他们以后的学习过程有很大的影响。孩子的已有知识来源于各种正式和非正式的情境，包括对日常生活的观察、爱好、媒体，以及朋友、父母和老师的教导。学生有不同的父母，使用不同的媒体，有不同的兴趣，只有父母站在最有利的位置，是评估自己孩子的先验知识的最好人选。判断孩子已有的知识结构和水平很重要，家庭作业可以提供判断的信息。有效的学习需要建立在已有的框架体系上。

原则三，学习要促进知识的整合。

父母问好的问题可以帮助孩子在新旧知识之间建立联系。问好的问题在父母"陪作业"的过程中，最能够发挥作用。

原则四，孩子的学习风格各不相同。

对学习风格、多元智能和大脑的研究表明，孩子有自己偏好的学习方式。当提供信息的方法和孩子的学习风格相匹配时，可以提高他们的学习效率和学习成绩。

原则五，完成作业需要毅力。

完成作业需要毅力，而毅力是一种可以习得的综合能力。有些孩子总是无法完成作业，尽管他们主观上知道自己应该完成作业，可是真正实施的时候总是无法安静地坐下，或者无法将注意力集中在自己的任务上。通常情况下，父母会很生气，会忍不住责备孩子没有韧性和毅力。实际上，缺乏毅力的孩子可能缺乏一系列策略。例如：（1）缺乏解决问题的策略。孩子在遇到困难时一筹莫展，他们可能不会想到要去复习曾经学过的东西，查字典，或者询问老师或同学。（2）缺乏元认知技能。他们不知道如何界定问题，提取有用的信息，制订解决问题的步骤，监督自己执行的情况，也不知道如何评估自己的工作，或无法纠正错误（纠正错误也是一种能力，需要练习才能习得）。举个例子，小学低年级的孩子在学习的过程中，通常会把更多的注意力放在自己已经学会的内容上，而不是分配给自己不熟悉的内容。这种情况表现出来就是他们学习新知识的效果不尽如人意。因为这些技能的缺乏，这类孩子更可能早早就放弃完成任务。这个时候，父母的监督和对坚持的重视可以鼓励和帮助孩子继续学习。（3）缺乏保持注意力的策略，特别容易分心。孩子自己知道不应该分心，应该专注于自己的任务，但就是做不到。从表面上看，害处只是没能按时保质地完成任务，实质上，更大的伤害在于孩子会对自己失望，并形成消极的自我图式，觉得自己就是不行，从而放弃努力。（4）缺乏情绪管理的策略。一遇到难题，孩子就容易烦躁，感到有压力，这种压力和烦躁也是导致孩子分心的原因之一。

原则六，学习是情感、动机和认知相互作用的结果。

孩子的学习目标、生活目标、对自身能力的思考、对影响学业成败的潜在原因的归因、兴趣爱好等，都是影响认知与动机相互作用的因素。

对父母说的"私房话"

- 父母需要"陪"作业。
- 父母需要密切关注孩子所有的家庭学习,包括家庭作业、阅读以及一些课外项目。
- 父母需要每天(周一到周六,周日休息)花 1 小时左右的时间,以"陪"作业的形式参与孩子的学习活动。
- 父母重要的任务就是培养孩子良好的家庭作业习惯。好习惯是在学校取得成功的关键,可以提高孩子的学习能力,增强信心和动力。作业习惯影响学习习惯,学习习惯影响生活习惯。所谓"积行成习,积习成性,积性成命",点点滴滴的行为可以构成一个人的行为习惯,而习惯又组成一个人的性格,性格最终将决定一个人的命运。

事实上,每个人,包括我们自己,都会忘记曾经在学校学到的大量知识,只留下一些模糊的记忆。但我们会掌握读、写、算等技能,以及大量的常识、积极的态度和成熟的习惯。这些会使我们作为成人做好工作,在生活的许多领域(如人际关系、享受休闲活动等)也能游刃有余。

父母通常很重视所谓的主科(如语文、数学、英语),这些固然重要,但是其他学科也很有意思。孩子需要通过学习过程掌握积极的态度和良好的习惯。怎么做呢?在每天做作业的时间里养成一些日常习惯,让做作业的过程更有意思,更见成效。还可以在日常活动中加入一些特殊的训练,让技能和能力得到训练。

\\\ 私房话 \\\

有时候，我会把我们这个时代受过高等教育的父母称为"精神分裂的父母"。原因如下：

一方面，我们觉得民主、和孩子做朋友是最现代、最正确的教育方式。在我们应该引导、管理孩子的时候，各种归罪于"原生家庭"的声音总是会跳出来指责我们不民主，对孩子不够宽容。不能和孩子做朋友似乎就会伤害孩子的情感，就是不合格的现代父母。我总能听到父母对我说："我们真的希望孩子过得快活。我们对他没有什么要求，就是希望他快乐、健康。""希望他享受快乐的童年。"每当这个时候，我就会说："不要着急，请静下心来听听内心的声音。你的内心真的告诉你，你对孩子没有要求吗？"到目前为止，我没有发现哪一个父母真的对孩子没有要求。更何况，即便父母没有要求，社会对每个社会成员都是有要求的，孩子只要不是独立于社会之外，就不能避免社会比较。同学都能够完成作业，获得好的成绩，就自己不能，那这个孩子绝对无法快乐。

另一方面，为人父母，我们实实在在知道，对于孩子的成长，我们是负有责任的。我们对孩子是有要求的，我们应该给孩子制订严格的行为准则，希望他表现优秀甚至卓越。

这两方面不能统一是出现"精神分裂的父母"的原因。当父母想严格要求孩子时，会顾及"民主"问题；当父母放纵孩子时，为人父母的直觉又会让我们感到这样不太对劲。事实上，很多父母都混淆了"想要"和"需要"之间的区别。

第三章 父母有必要"陪"作业吗?

我们试图让孩子快乐时,我们就在迎合孩子的"想要",而不是"需要"。对于正在成长的孩子,"想要"和"需要"通常很少会重叠。孩子需要更多的睡眠和健康食品,更少看电视和玩手机,有更稳定的日常生活,对任务更负责任,等等。然而,他们想要的是尽可能晚睡,吃垃圾食品,整天看电视和玩手机,随心所欲,不需要负责任。令人痛苦且讽刺的是,父母试图让孩子快活,结果往往适得其反——孩子对自己不满意,没有积极向上的动力,不珍惜他们拥有的生活,不珍惜父母对他们的爱,最终无法快乐。所以,与其关注孩子想要什么,不如关注他们需要什么,如此,父母才能教给孩子变快乐的技能。

在联合国《儿童权利公约》中,明确规定了儿童享有的各种权利,甚至明确规定了父母或法定监护人对儿童的养育和发展负有首要责任,却唯独没有为儿童提供选择权。其原因就在于儿童的心智发展还不成熟,不足以为自己作出适合发展的有益选择。

父母是家庭中的决策者。父母决定家庭的生活方式、习惯、规则、惯例和传统。父母作出决定是因为他们有必要的经验、成熟和智慧,能作出更好的选择。所以,父母就应该严格要求孩子,因为孩子通常只能关注到当下,他们是即时满足的,没有更长远的眼光,看不到未来和发展的方向——这是他们不成熟的大脑所决定的。他们需要接受训练,才能获得延迟满足的能力,只有经过自我约束的磨炼,才有可能成为一个自律的人,一个心智成熟的人。放任孩子野蛮生长是不对的。

在有些家庭里，父母在不知不觉中会让孩子当家做主。举个例子，孩子希望晚上 11 点睡觉，父母希望孩子晚上 9:30 睡觉，因为父母知道成长发育中的孩子在这个时间点睡觉最好。但在现实中，孩子总能找到各种借口，哪怕是吵架、发脾气也要把睡觉时间拖延到晚上 10 点甚至 11 点。在这种情况下，谁是当家做主的人？答案是孩子。他的目标是尽可能晚睡，而且他实现了这个目标。因此，负责就是作出决定，然后贯彻决定。

第四章

建立家庭作业规则的
　　　有效方法

欲善其事，先利其器：做作业前的准备

首先，安排恰当的作业环境。

孩子不能在一个容易分散注意力的环境中做作业，确保孩子有个安静的作业环境是父母的责任。

一般来说，孩子做作业的空间不需要很大，需要的是光线充足、舒适、安静的地方，手边有所有必要的用品。父母可以和孩子商量，他喜欢在哪里做作业，以后这个地方就是他的学习区。这样做的好处是利用条件反射机制，让孩子形成只要坐在学习区，就会条件反射地进入认真学习的状态。一旦养成了在特定区域学习的习惯，他们对家庭作业的态度就会改变，效率和注意力持续时间几乎会同时增加。家庭作业对他们来说似乎更容易了。

这个学习区域应该没有会干扰孩子学习的东西，如玩具、电视、计算机、手机等。

其次，为孩子选择合适的桌椅。

由于孩子的身高和成人不同，因此，不能把成人桌椅作为孩子做作业的工具。合适的桌椅应该是孩子坐在椅子上双脚可以自然落地。太高会让孩子的双脚悬空，需要踩在脚垫上。父母经常发现孩子坐在椅子上不停扭动，似乎上面长了刺，这个时候首先应该考虑孩子坐不住的可能原因——坐得不舒服。孩子的肌肉力量很弱，长时间以不舒服的姿势坐会增加疲劳感，甚至可能威胁身体发育。由于孩子不能很好地表述自己哪里不适，无法提出桌椅高低的问题，只能以不停调换姿势来缓解不适，这就需要父母来考虑这个问题。为孩子挑选合适的

桌椅是非常必要的,最好是可调节的桌椅,随着孩子的成长,桌椅可以调整到合适的高度。

再次,做作业时,挂上"请勿打扰"的挂牌。

做一个"请勿打扰"的挂牌,在作业时间将其挂上。因为每次被打扰,孩子都需要两到三分钟才能重新集中注意力。"请勿打扰"的挂牌可以提醒家里每个人,同时给孩子一种仪式感——做作业是一件严肃的、需要专注的工作。

最后,准备一套家庭作业工具包。

家庭作业工具包应该包含孩子做作业时所需要的所有材料,它可以防止孩子因为需要去寻找物品而不断分心。

工具包内主要有(可根据具体需要增减):各种笔(铅笔、中性笔、彩笔/荧光笔)、卷笔刀、橡皮、胶水、订书机、剪刀、直尺/三角尺、圆规、量角器;工具书(字典、词典、参考资料)与草稿纸等。

父母应要求孩子按照有秩序、随时可以取用的原则摆放所有必要的用品,并且保证在孩子开始做作业前,它们都处于最佳状态(如先削好几只铅笔,橡皮和草稿纸放在方便取用的地方,等等),以免孩子在做作业过程中不断分心。

第一原则:保持友好和坚定

小夏的母亲找到我,希望我能够帮助她和小夏。小夏是一名高二的学生,每天晚上做作业到深夜,在家除了吃饭、睡觉就是学习,没有任何其他爱好,学习成绩在班级里处于中等偏下的水平。他向母亲说，活着很累，人生也没有什么意思。小夏母亲发现他很少笑，经常情绪低落，害怕他有情绪问题，所以来寻求帮助。

初见小夏，他给我的印象是整个人没有生气和活力，不像其他青少年那么有朝气。他说自己几乎所有的时间都被学习占满，学习让他筋疲力尽。仔细询问之下，我了解到他的学习没有什么效率，经常坐在书桌前发呆，迟迟不动笔。他说："我知道要一题一题地做才能做完那些题目，可是好像被什么重物压着，总是提不起劲来写点什么。每天耗到半夜，就可以去睡觉了，对所有人都有了交代。"对他来说，似乎耗到半夜就表示自己已经学习到半夜，没有完成任务也不能责怪他不努力。

追溯他最开始养成学习习惯阶段的情况，我了解到，他从小就如此，每天都在虚耗做作业的时间，从未享受过没有负罪感的休闲时间。

很少有孩子可以在没有父母帮助的情况下，独立且高效地完成家庭作业。绝大多数孩子都不够成熟，没有足够的动力来完成这个任务。如果希望减少家庭冲突，让作业发挥好的效果，就需要从制订家庭作业规则开始。

一般来说，孩子一开始不会喜欢这种规则，他们甚至会因有了约束而不高兴。没关系，父母知道什么样的行为习惯对孩子好，要努力坚持。坚持的原则是保持友好和坚定，切忌气急败坏。随着时间的推移，阻力很快（比我们想象中的还要快）就会消失，规则会被接受。然后，规则变成常规，变成习惯。事实上，孩子可能正盼望着有这样的规则，因为作业规则让他们知道自己在特定的时间要做什么，避免了无所事事和浪费时间。

做作业的时间应固定不变

首先，要培养孩子每天坐下来做作业、背诵或复习的习惯。

制订每天的家庭作业（学习）计划并确保孩子能坚持做是非常重要的，因为这样可以把做作业变成一种常规，而一件事情一旦变成常规，实施起来阻力就会变小。这样就可以避免每天为做家庭作业而发生各种争执和不愉快，能让孩子拥有没有压力的休闲时间。

父母坚持的规则对孩子来说是一种外在的力量，可以将孩子从两个非常消极、令人衰弱的情绪中解救出来。

其一，担心自己能否完成作业的焦虑感。孩子非常清楚地知道自己需要按时完成作业，但是做作业对他们来说又实在算不上一件令人愉快的事情。他们可能更想玩，但作业又横在心中，时时提醒他们。孩子虽然在做一些自己喜欢的事，却不能尽情地享受其中。作业压在心头，沉甸甸的。每当这个时候提醒孩子还有作业要做，他们就会发火，会脾气很冲地说话，这是典型的焦虑表现。他们对自己不满意，但又管理不好自己。

其二，当孩子匆匆忙忙做完作业，但完成的质量不高，或者干脆没有完成作业时，他们会有负疚感。这种负疚感会让人感到沮丧。每当这种负疚感出现，孩子可能会暗暗下定决心，"下一次一定早早就开始做作业，争取高质量地完成作业"。但由于他们的自我管理能力较差，很可能第二天还是会重复前一天的情形，将作业拖到最后，负疚感再次袭来。如此循环，孩子不仅感到沮丧，甚至可能对自己失去信心，不相信自己有能力管理好自己——这个结果比没有完成作业要严重得多。

这种焦虑和负疚的结合是非常有害的。事实上,孩子是欢迎父母管控他们的作业时间的,这种管控会让孩子重新获得对自己生活的掌控感。他们知道自己在特定的时间应该做什么,由于没有其他的选择,孩子反而会感到踏实。

其次,坚持周末的作业(学习)时间。

不要让好不容易建立起来的作业习惯崩溃。通常连续两天以上没有家庭作业就会让周一晚上重新建立家庭作业惯例变得困难。两天对孩子来说是一段很长的时间,在这段时间里,他们在精神上开始摆脱我们在前五天花了很多精力去强化的富有成效的习惯。

每周休息一天是比较好的选择,可以把周日定为无作业日,这一天真正让孩子好好享受自己的生活。但这也意味着周末所有的作业和复习都需要在周六完成。这样既可以不破坏每日的例行公事,又可以让孩子过一天没有任何负担的日子。这种没有任何负担的日子对于建立孩子的学习态度和责任感非常重要。我们周围有很多人都有"拖延症",一边焦虑、担忧自己还有工作任务没有完成,一边固执地不开始着手做,拖到最后一刻匆忙完成,或者被意外弄得心烦意乱,这种状态没有人会满意。孩子可以通过按时完成作业(这是孩子的任务)来获得满足感和掌控感,为以后的职业生涯打下基础,养成良好的工作习惯。这一点对那些感觉自己不成功的孩子来说尤其重要。

最后,尽可能将每天的作业安排在同一时间完成。

安排在每天的同一时间意味着可预测,更容易被记住和接受。所有家庭成员都知道这个时间段孩子要做作业,这样可以大大减少混乱和阻力。

如果某一天没有家庭作业，当天的作业时间该怎么安排呢？可以多做一些非即时的作业，如下周一要交的简报；或者做一些与学习技能相关的练习和复习，如大声朗读、整理笔记等。

确定做作业需要的时长

一般来说，小学生每天做作业的时间限定在一个小时之内，初中生每天的作业时间应该在一个半小时左右。时间太长对孩子并没有好处，关键是要高质高效地完成作业。当然，具体到每个孩子则各有不同，需要父母了解学校的作业策略。

作业时间可以约等于孩子每天课后的学习时间。这段时间孩子除了要完成学校布置的作业外，还应该有复习和回顾知识的时间，以及为了改善薄弱环节，练习一些学习技能的时间。

规定每天的作业时长有很多好处：

第一，可以预防有些孩子匆忙完成作业，急吼吼去玩，根本不关心作业的完成质量。引导孩子养成"尽最大努力"的习惯，这往往需要放慢速度，练习准确、清晰和出色的表达。否则，他们就会养成匆忙完成任务的习惯，也就学不到我们希望他们学到的东西。

第二，有些孩子做作业磨磨蹭蹭，晚上的大部分时间都花在发呆、闷闷不乐地盯着作业上，而不是做作业上。表面上看起来是把自己全部的时间都花在学习上，学习让孩子不堪重负。孩子和父母也都觉得这样很辛苦，但事实并非如此，根本就不需要每天晚上花好几个小时做作业，弄得自己筋疲力尽。

第三，如果发现孩子怎么努力都不能在规定的时间内完成作业，就需要为孩子提供特殊的帮助。这是发现孩子学习问题的途径之一。

第四，对于有些孩子，作业可能很容易完成，因为作业内容对他们来说太简单。这个时候就要考虑给他们更有挑战的任务。这一点不能依靠老师，更多地需要父母根据孩子的水平去估量。

先学习，后玩耍

帮助孩子认真对待家庭作业的方法之一是制订并执行合理的规则。尽管规则可以根据实际情况调整，但是最初制订时应该尽量考虑全面一些。规则是自带力量的，频繁地调整规则会让孩子觉得规则一文不值。因此，有些原则性问题应该在制订规则之初就考虑清楚。

"先学习，后玩耍"就是一条最基本的规则。因为这条规则可以帮助孩子习惯延迟满足，而不是期待即时满足。

一般来说，孩子放学后需要放松一下，补充点能量。健康的零食和积极的休息可以让孩子放松和恢复精神。积极的休息指玩一会儿不激烈的身体游戏，如踢球、骑自行车、踢毽子、简单的追逐游戏等，这有助于孩子清醒和振奋。在做作业前，一定不能允许孩子有视屏时间，包括玩手机或电脑、看电视等。坐在屏幕前会削弱孩子对其他活动的热情，所以，视屏时间应该放在完成作业之后。

\\\ 私房话 \\\ •••••••••••••••••••••••••••••••

我经常在课堂或咨询中遇到父母说孩子不能遵守规则。这个"不能"包括不愿意、哀求、经常性地找借口、发脾气、争

第四章 建立家庭作业规则的有效方法

辩,甚至抓父母的"小辫子",总之,最后的结果是让规则无法彻底执行,不了了之。而每一次不了了之又会使下一次制订和执行规则变得更加困难,以至于形成"习得性无助":只要一提及管理孩子的行为和为孩子的行为建立规范,父母就油然而生无力感,对自己和孩子都很失望,认为管理孩子的行为是一种奢望。在规则设立之初就觉得根本无法实现,就一定会导致恶性循环。

我自己也是做母亲的,最初没有经验的时候,面对女儿做作业时各种不守规则、花招频出的状况,我和其他父母没什么不同,一样的着急、上火、发脾气,周而复始地经历"好言好语劝说——声音逐渐增大——失控发火"的模式。我很快就意识到不对,并开始反思我和女儿的行为互动模式。

在此之前,先给父母介绍一个心理学概念,叫作"操作性条件反射"。简单来说,就是一个行为导致了一个让人喜欢的结果,这个行为就会被强化,更容易重复下去。如一个孩子在超市要买一辆玩具小汽车,妈妈说家里已经有好几辆了,不买了。孩子说就要买。母子情绪都开始失控,孩子哭闹甚至倒地不起,妈妈妥协,满足了孩子的要求,购买了玩具小汽车。根据操作性条件反射的原理,孩子经过一系列操作达成了愿望,下一次他想要达成愿望会怎么做呢?当然是重复这个有用的行为——哭闹。通常父母对孩子在超市哭闹会感到很烦恼。一般情况下,第一次稍稍哭闹孩子就会得到满足,第二次哭闹的时间要长一点才能得到满足,第三次……每一次,父母都挣扎着想纠正孩子乱要东西的习惯,可每一次都败下阵来。在心理学层面上对上述行为和互动的解释就是，父母在用一个非常有效的方式告诉孩子——继续努力哭闹，愿望一定能达成。孩子在这个过程中学会了如果哭闹不能让父母让步，那就是哭闹得不够，继续努力！事实上，操作性条件反射是一个很普遍的心理现象，用在好习惯的养成上也一样有效。如某一次考试之前，孩子复习好了就早早上床睡觉，第二天考得很好，孩子很有可能就形成考试前要休息好的行为模式。

我分析了我们家的互动模式。我们家的作业规则是没有完成作业之前不能触碰各种电子产品，包括手机、电脑、电视等。有一天，孩子放学回家没有先做作业，而是先看了动画片，她给出的解释是今天播放这部动画片的最后一集，想早点知道故事的结局。她保证看完马上做作业，很乖巧。作为母亲的我会怎么做呢？设身处地地想一想，我们也有忍不住的时候，而且她也认识到了自己的错误，何必苛责呢？这会弄得大家都不开心，于是我放过了她。事实上，这是孩子的试探。一般来说，在规则实施中的某一天，通常出现在规则实施的初期（三天到一两周），也是我们对孩子认真执行规则感到欣慰的时候，他们开始尝试突破，试试我们是不是认真的，我们对规则的态度是什么，他们有没有撼动它的可能，有没有找到同盟的可能。

我们还是回到孩子看电视的问题上，孩子会作出补偿行为，毕竟她也知道自己违反了规则。如果这个时候严格执行规则，对她进行惩罚，她肯定会努力反抗。如在我家，女儿只要哭得梨花带雨，爸爸就很可能来打圆场，替孩子求情，说孩子

第四章 建立家庭作业规则的有效方法

都认识到错误了，不生气了，下不为例吧！看到这里，很多父母都会说："我们家孩子要是有这样的乖巧和认错态度，我们就不会生气了。"其实，我也不会生气，但是（事情就坏在但是之后）这只是孩子的第一次试探，我们不知不觉中给孩子在规则上开了一道缝。从此以后状况频出，孩子逐渐地不心虚了，也没有了认错的态度，反而觉得规则不合理。这个时候父母基本上"大势已去"。要想防止这种"兵败如山倒"的状况出现，就要坚决击退孩子的第一次试探。我的经验是："只要给孩子开一条缝，他们最终一定能开辆车进来！"

我在父母成长课程中分享了这个经验，没过几天就有一位母亲很兴奋地跟我说："我在这个周末击退了一次女儿的试探，您说的居然是真的。听课后，我家周三召开了家庭会议，一致通过了一项家庭规则，实施了几天，挺好，大家都挺高兴的。但周日的时候，女儿违反了规则，我按规则罚她当天不能吃冰激凌。然后，她哭得梨花带雨，爸爸求情……我想起了您说的话，就坚决而平静地执行了规则，没生气，也没大声说话或抱怨先生，只是平静地说'不行，规则就是规则'。老师，您知道吗？很神奇，女儿居然不哭了，云淡风轻地接受了。我本来心是提着的，准备作持续的斗争，还在内心默默提醒自己不能生气，要坚持住，给自己打气，结果……老师，您能理解吗？就像做足了准备要挑起一副重担，它却忽然消失了，似乎一切都是我在杞人忧天。"这位母亲给我的感觉是天突然亮了，沉沉的雾霾散了，整个脸上都是明媚的笑容。我想，有了这次经历，按照操作性条件反射的原理，她一定能处理好后续的问题。我也提醒道："孩子不会这么容易被打败的，她一定还会有第二次甚至第三次尝试，不过，一般'三而竭'，扛过了，这项家庭规则基本上就真正落地了。"

有些父母觉得规则是死的，人是活的，怎么能这么刻板呢？人情味都没有了。我的经验是，只有规则真正落实了，偶尔的突破才不会影响规则的执行。如看电视的事情，如果是在规则已经深入人心，孩子会自动执行的时候，我会原谅孩子偶尔一次的违规。因为这个时候规则已经变成孩子的自律行为了，我不会像规则建立之初那样的紧逼与监督，但在规则没有真正建立之前谈人情味是没有意义的。

因为父母爱孩子，所以孩子的讨好与卖乖、伤心与难过都能够打动父母，让父母无法成为一个严格的执行者，守住规则的边界。其实，父母非常清楚地知道怎样做才能真正帮助孩子成长，才能真正有利于孩子发展。请父母在制订规则之初就作好心理建设，思考如何做才能让规则落到实处，不要想任何的不能、不行，只考虑"一定可以""一定有办法"，因为思考直接和行为挂钩。

将做作业分成三个阶段

父母可以将做作业的过程分成三个阶段，通过这三个阶段教会孩子注意细节，养成尽自己最大努力的习惯。

第四章 建立家庭作业规则的有效方法

第一阶段：父母和孩子一起做"问—答"。

在日常生活中，父母比较喜欢提醒孩子应该做什么和怎么做。如"小明，你应该做作业了"，又如妈妈做好晚饭后对大家说"开饭了"。有没有人理呢？比较好的情况是，有人回应"知道了"或"等一下"；不太好的情况是，提醒如泥牛入海，没有人认真听。我们希望孩子认真对待我们说的话并记得去做，不需要我们一遍又一遍地提醒。遗憾的是，父母的日常提醒对孩子来说就像一场又一场的说教，全是废话、废话、废话，他们很容易不听我们的。

"问—答"是为解决这个问题而设计的。通过"问—答"，让孩子自己说他必须做什么，这对他的记忆和行动意愿有强大的积极影响，是改善生活习惯的一种非常有效的技巧。

"问—答"与"提醒"的两个重要区别是：第一，"问—答"发生在错误行为出现之前。也就是说，没有错误发生，没有批评和评价，可以心平气和地面对问题，解决问题。第二，在"问—答"的过程中，是孩子在说话，而不是父母在唠叨。

"问—答"起作用的原因是：我们知道，如果只告诉孩子我们想让他做什么，然后希望他能记住并执行并不是很有效，因为这是一种单向通信。孩子大脑的工作效率并不高，其大脑兴奋比较泛化，对信息的加工具有跳跃性，常常"左耳进右耳出"。在"问—答"过程中，由于孩子必须回答问题，他的注意力会聚焦在回答问题上，需要思考自己必须做什么并说出来，这个过程可以明显影响孩子的记忆。人类大脑的工作方式是：我们会自动地想象我们正在谈论的东西。事实上，当父母提出"好问题"，而孩子必须告诉父母正确的做法是什么时，他的大脑必然会创造出一幅生动的心理画面——他正在做自己所说的事情。

当孩子想象自己应该做什么、在哪里、何时、为什么做、如何做以及和谁一起做时，他们更有可能养成合作的习惯。但"问—答"也不能保证100%的合作，明确规则并不是把孩子变成天使的魔杖！一段时间的"问—答"会帮助孩子认真对待我们说的话，提高孩子做正确事情的可能性。而且，父母越经常要求孩子说出他应该做什么才是对的，孩子就越容易养成做正确事情的习惯。

父母可以在一天中多次使用"问—答"来减少孩子对要求他做的事情的抵触情绪。例如，为了帮助孩子在收拾东西的时候变得更有责任感，父母可以在一个中立的时间问一些"好问题"：

"放学后你应该怎么处理你书包里的所有东西？"

"放学后你的作业规则是什么？"

"做完作业后应该把它放在哪里？"

"睡觉前你应该做什么？"

如何进行有效的"问—答"？

首先，选择一个中立的时间，这一点非常重要。中立的时间是指父母和孩子都不着急，也都不生气的时间。不要在出错了之后做"问—答"，因为当时牵涉其中的所有人可能都处于消极的情绪状态，父母可能很生气，而不是冷静和积极的，孩子可能会怨恨或叛逆，这个时候做"问—答"起不了任何作用。父母要看着自己的孩子，微笑着等待，直到孩子的注意力完全指向父母。

其次，父母负责提问题。父母需要预见问题，要仔细思考正确的提问方式。父母问的问题通常要指向孩子的行为，要注意措辞，以防孩子只用"是"或"不是"来回答。

最后，孩子要详细地回答，告诉父母他应该做什么。在中立的时间里，没有生气，没有责骂，孩子通常会愿意回答父母的问题。一般来说，孩子的回答越详细，他就越能记住，所以父母可以细问一些后续的问题。只有在孩子的回答不完整或不准确的时候，父母才会从问转变为讲解。在这种情况下，父母要非常清楚地表达自己的意思，然后问更多的问题，直到确定孩子完全理解。

作业前的"问—答"

在写作业前，父母可以帮助孩子把为了做好作业而需要记住的东西载入工作记忆①中。用什么方式能让孩子从作业中学会点什么呢？父母需要通过"问—答"的过程来做到这一点，这比直接告诉孩子结果能更有效地让他们学会必要的技能。在这个过程中，孩子通过回答父母的问题，逐渐获知要完成一项任务需要考虑哪些方面，需要调用哪些信息到工作记忆中。哪怕是简单的任务，父母也要让孩子确切地告知他需要做什么、怎么做以及为什么要做。

父母要问一些引导性问题，使孩子仔细思考任务中他可能没有意识到或被忽视的方面。在解开孩子的困惑之后，父母还需要问同样的

---

① 工作记忆是一个心理学专业词汇。我们可以简单地将长时记忆理解为仓库里的东西，短时记忆理解为运输小货车上的东西。无论是仓库里还是车上的东西，如果想使用，都需要把它们放到工作台上。工作记忆就是那些搬出来放到工作台上，马上要用到的东西。

问题，直到孩子能够确切地说出答案，才能进入下一个阶段。

引导性问题示例：

- 问一道数学题："你觉得哪些步骤容易，哪些步骤难？"
- 昨天演讲比赛了，问："同学们最喜欢演讲的哪一部分？你认为他们为什么喜欢它？老师评论了哪一部分？"
- 聊诗词："这首诗是谁写的？作者是什么身份？你喜欢这首诗吗？你觉得我会喜欢吗？为什么？"
- 问孩子从科学课程中学到了什么："你知道吗？我一直喜欢植物，就像你现在一样。我最喜欢带香味的花，你喜欢吗？"
- 聊孩子在学校的生活："今天发生了什么好玩的事情？今天中午你和谁一起吃的午饭？今天你们跳街舞了吗？"

如果孩子在读一本故事书或小说，我们可以问：

- 这个故事讲的是什么？
- 你最喜欢哪个角色？为什么？你猜我会喜欢他吗？
- 这个故事发生在什么年代？在哪里？你想去那个地方吗？为什么？
- 你觉得作者为什么要写这个故事？
- 如果可以重写结局，你会写什么？
- 你推荐我读这本书吗？你为什么认为我会喜欢它？

对于大一些的孩子，可以就新闻、社会事件问一些问题：

- 发生了什么事件？
- 对于同一事件，为什么网上的文章有不同的描述？
- 你觉得这篇文章告诉你所有事实了吗？如果没有，你还想知道什么？

第四章 建立家庭作业规则的有效方法

- 事件是关于谁的？
- 事件发生在什么时间？什么地点？
- 如果你是记者，你会用同样的方式讲述这个事件吗？你要怎样做才能写得不一样呢？
- 哪里可以找到更多关于这个事件的信息？
- 这篇文章中哪些是事实？哪些是推理或猜测？

\\\ 小贴士 \\\

这一步非常重要，因为很多父母和孩子都觉得，我/你已经告诉你/我了，没有必要再问什么。事实上，孩子很可能并没有明白解决该问题的关键，存在误解，父母却以为他获得了正确的认知，放过了问题。其实，让孩子清楚明白地说出来有很多额外的好处。从我的个人经验来看，一开始形成这种制度的时候，孩子会表现出不耐烦，但只要父母坚持，孩子很快就会接受。一定要坚持，不需要解释什么（话太多会让孩子觉得不重要，且注意力不能集中），就是要求孩子这样做。

顺便提醒一下，教孩子新方法和新概念不是父母的任务。没有把握的话，父母千万不要教孩子什么新方法和新概念，因为这样会让孩子无所适从，让他们相信老师教授的知识很重要。要知道，今天学校教授的所有知识都是教育者多年研究的成果，这些知识是成体系的，额外教孩子一些概念可能让孩子陷入混乱。

\\\ 私房话 \\\

在我的孩子上小学时，我们会在她每天做作业之前问她几个问题。

父母：今天数学课上学了什么？（以数学为例，其他科目也可以如此询问。）

孩子：今天学了两位数的乘法。

父母：哦，两位数的乘法和一位数的乘法有什么不同吗？

孩子：有的，我跟你说呀……

要求孩子复述相关概念和解题步骤，如果孩子说不清楚，就要求她去复习课本或笔记，直到她能够脱离书本，清楚、准确地表达出来。这样做有几个好处。

其一，帮助孩子厘清新知识的基本概念，或将新技能载入工作记忆中。

其二，通过要求孩子复习和查阅课本，教会孩子如何使用课本，了解课本中的概念是如何呈现的，例题有什么作用，等等，为将来自主学习打下基础。

其三，通过问问题，引导孩子在新知识和已经学会的知识之间建立联系。最开始，孩子可能还没有意识到知识可以成体系。但随着学习的深入，孩子从最初的单纯回答问题，慢慢习得如何将新知识纳入已有的知识体系中，这是一个非常重要的技能，也是一个无法言传的技能，只能由孩子自己去感悟。

其四，孩子陈述概念以及解题策略的过程既是记忆的过程，也是练习准确表达的过程。知识只有在能够用自己的话语

第四章　建立家庭作业规则的有效方法

表述出来的时候，才能真正变成自己的。

上述问题在孩子形成自律的学习习惯之前，每天都要询问。等到孩子能够自主学习，养成了好的学习习惯后，我们会从每周逐渐过渡到每次月考、期中或期末考试前再询问她的复习情况。

这个时候的常规做法是：孩子告诉我们她已经复习好了，我们在15—20分钟之后拿着她的课本，对照目录，要求她逐章复述内容，并且不时问一些相关问题，包括相关章节之间的联系等，目的也是帮助孩子记忆和让知识成体系。这个习惯一直持续到高一上学期，之后就很少再询问了。顺便说一下，要求她逐章复述的时候她是不能看书的，这也就意味着她需要把内容都记在脑海中。

说一个小插曲，有一年暑假我们去走亲戚，亲戚家有个和女儿同龄的小姑娘，她妈妈让我帮她复习。我就让她先看书，然后回答问题。在她说复习好之后，我对她说："你先去玩一会儿吧，等会儿我再问你。"大概15分钟后，我开始问问题。这个时候，孩子存储在短时记忆中但没有进入长时记忆的内容基本已经消失了，有些问题回答不出来。她"哇"的一下哭了，说："我本来都记得的。阿姨，你让我去玩，我又忘记了！"小姑娘感到很挫败和伤心，还有点愤怒。我女儿马上安慰她："我妈就是这样的。她要防止我一看就会，过会儿就忘。"女儿的意思是："我在家就是这样的，我妈没为难你，同情我吧！"

我的个人经验：在这个过程中，尤其是在行为习惯建立之初，父母一定要准备好，保持平静和耐心，心平气和地问问题并等待孩子组织语言。（一开始是要努力去做的，要有心理准备，空出时间给孩子。如果心里急着去处理其他的事情，就不要轻易开始这个过程。）要给孩子营造能够安全地犯错误的环境，只有在这样的环境中，亲子对话才可能轻松、惬意，哪怕是严肃的学习问题，也可以在轻松的气氛中进行。在这样的气氛中，孩子才可能畅所欲言，才可能不紧张，不怕犯错。要知道，纠正错误的过程是非常重要的成长过程。

有些父母很着急，觉得孩子回答不上来问题是因为上课没有好好听讲，或者觉得自己的孩子不聪明，别人的孩子都没有这样的问题，自己的孩子学不好将来怎么办？父母容易"脑补"，陷入自己吓唬自己的状态，从而产生极大的焦虑，影响情绪。其实，刚开始上学或者没有经过训练的孩子很可能根本不知道如何回答此类问题。请注意，孩子是不知道如何组织语言来表达自己内心的想法，或者不知道回答的重点在哪儿。这个时候父母一定不能急，要知道不能熟练阐述自己的想法是缺乏练习的结果，这是一项只要练习就可以达成的技能。抓住重点也是一项重要的技能。这些技能只能自己习得，没有任何捷径可走。这些技能练习得好，最明显的表现就是孩子嘴皮子利索了，敢说话了，愿意问问题了，人也自信了。我们可以想象一下，当孩子在老师或同学面前想要表达什么却词不达意时，听的人会表现出不耐烦，孩子也就不愿意再说了，慢慢变得沉默不语，也可能会觉得别人不喜欢甚至嫌弃自己，毕竟他们连听自己说什么都不愿意。所以，这样的练习在家庭中进行，在父母的陪伴下完成是最好、最安全的，如前文所言，是只有父母才能做的工作之一。

另外,我也会通过"问—答"让孩子提出自己的作业安排,如先语文后数学。

••••••••••••••••••••••••••••••••

第二阶段:让孩子独立完成作业。

家庭作业是孩子自己的任务,必须由孩子独立完成。所有作业中可能出现的问题都在第一阶段考虑过了,在第二阶段,孩子应该在没有帮助的情况下独立完成作业。做作业的过程应该是持续的自立训练过程。

在孩子变得更成熟、更有动力之前,父母一般应该心平气和地陪在孩子身边,但是不能对孩子做作业发表任何看法和建议。父母在"陪"作业的过程中,可以做一些自己的事情,如阅读、安排自己的工作等,一定不能玩手机。尽管第一阶段的"问—答"通盘考虑了很多问题,但孩子还是会遇到新问题,会犯一些错误,父母对此不要说任何一个字,不要给任何提示(包括身体提示,如摇头、敲桌子、轻推等),不要问孩子是不是渴了、饿了,或纠正孩子的坐姿、握笔姿势等。

第三阶段:改进阶段。

这个阶段是父母评价孩子努力的成果的阶段。在这个阶段,父母和孩子一起进行评估工作,然后让孩子改进。

在第二和第三阶段之间应该留出一点时间,让孩子换换脑子。一开始,第三阶段对孩子来说可能是一个麻烦,因为他们通常会认为停笔就表示工作任务结束——作业完成了。所以,对父母来说,这个阶段在开始时是比较困难的。但是从孩子的成长来看，做作业不应该只追求简单的合格，而应该是好习惯的练习过程。孩子通过这种持续的训练会获得自主性，学会各种技能，而这些技能是成功的前提。

这个阶段需要实现的目标是承认孩子做得好的地方和提出需要改进的地方。之所以需要这个阶段，是因为父母应该让孩子明确知道自己在哪些方面"做"对了（不仅仅是题目做对了，行为也正确）。这些被认可的行为可以促进孩子的领悟，会让他们想一想自己做对的事情，这个思考过程本身就能让他们从中学到很多东西——啊！原来应该这样做（顿悟）！有待改进的地方将教会孩子其他东西。具体操作如下：

首先，父母和孩子需各自找出三个好的地方，用描述性方式予以赞扬。如："我发现你今天的字比昨天写得端正。""你今天所有的计算题都做对了，你做的时候一定很仔细。""我查了字典，所以今天没有写错字。"对于最后一句话，孩子很容易大而化之地表达成："我今天没有写错字。"如果能要求他描述细节，则效果更好。如继续问："你怎么做到的？一个错字都没有。"要知道孩子很有可能是采用了正确的方式，通过这种提醒可以让孩子明白什么是正确的行为。这个部分的关键是用事实和细节去描述孩子做得好的地方。孩子最开始可能不知道如何评价和表扬自己，不知道如何通过事实和细节去描述，父母要做好示范。这个阶段不需要很长时间，几分钟就能完成，关键是开头很难，等孩子和父母都逐渐适应，就可以很快结束。

其次，父母和孩子都各自找出两个需要改进的地方。注意，在大部分时候，需要改进的地方可能比较多，远超过两个，但是只能提两个，因为再多就有让孩子泄气的风险。同时，指出错误的方法应该具有建设性，促使孩子自己去思考。如"3×7=?"，孩子的答案如果是10，父母就可以说："如果是加法，答案就是10。"其他的不必多说。这样可以提醒孩子注意四则运算符号，关注题目的细节。有些父母会着急，一股脑儿指出孩子的所有错误，但是心急吃不了热豆腐，请记住，只有好的心态和对作业的积极态度才能保障孩子对学习拥有持续的兴趣。还记得操作性条件反射的原理吗？

\\\ 小贴士 \\\

> 在整个过程中，父母都要保持情绪稳定，犯错是孩子成长中必须走的路。从第一阶段开始就要保持心平气和，不要带有情绪，尤其是着急、愤怒等消极情绪。只有父母客观、不带有情绪地表述，才能让孩子心平气和地接受和思考。否则，就会演变成一场情绪攻防游戏，只能收获愤怒和失望。

不要让孩子把最难的任务留到最后

有些作业比较难，孩子会自然而然地将它们留到最后，但是这种拖延会让孩子好的感觉被逐渐侵蚀。因此，要确保孩子在头脑最清醒的时候处理最棘手的问题或任务。

除此之外，还要设置符合孩子自身情况的休息时间。对于还没有习得良好习惯的孩子，学习会让他们感到沮丧和疲惫。为了防止超负荷，可以规定孩子每隔15—30分钟就有一次主动休息，间隔的时长取决于孩子的年龄和他专注于作业的能力。这种提前设定的休息可以帮助减少孩子的抱怨或为拖延而编造的各种借口。记住，提前设定的休息是主动选择（掌控感），而不是被动放弃（失控和失败）。

\\\ 小知识 \\\

一般情况下，正常发展的孩子持续专注的时间上限大致为"年龄+2"分钟，如8岁的孩子持续专注的时间上限大约是10分钟，这是由神经系统的特点决定的。人们常说的"专注力很好"通常指注意管理能力比较好，会在注意力转移的时候迅速回到需要关注的任务上。孩子做作业的时候走神是正常现象，关键是他的注意力能否迅速回到主要任务上。持续的专注和调整需要消耗心理资源，给孩子提供恰当的休息时间是必要的。

对做作业进行规划，除了能够帮助孩子更高效地完成作业之外，还能够让孩子在潜移默化中逐步学会制订计划，评估计划的执行情况，根据实际情况调整计划，从而制订更有效的计划。

这个过程也是孩子探索和了解自己的过程，他们开始逐渐了解自己的特点与擅长的领域，了解什么样的任务对自己来说是没有难度的，什么样的任务需要分配更多的时间，需要更多的努力和练习。

假期的时间管理：如何避免滑坡？

很多父母都有深切的感受，一个假期就能把孩子好不容易养成的学习习惯全部摧毁。尤其是那些本身就有学习困难的孩子，一个假期就回到了原点。如何避免假期下滑的现象呢？

比较好的做法是在假期里仍然要求孩子每天学习半个小时到一个小时（根据孩子的年龄而定），这样可以让孩子的大脑保持活力。

单纯要求孩子自己管理暑假作业没有什么作用，孩子总是会拖延。假期，尤其是暑假，对孩子来说太长了，他们会觉得明天、下周会有足够的时间来做假期作业。明日复明日，一周又一周，不知不觉中假期就快要结束了，恐慌来临，所以这样做并不能帮助孩子做到好。

每天半小时到一小时的学习时间可以安排在吃完早餐之后、娱乐之前。不用管他们在这个学习时间具体干什么，做作业、复习或阅读都可以。如此这般，孩子在一天开始的时候就把当天的工作做完，接下来就可以享受没有任何负担的闲暇时间了。

另外，可以每天安排家庭阅读时间（10—20分钟），全家人都坐在同一个房间安静地阅读自己选择的书。日复一日这样做，会明显增强孩子的耐心，减少他对阅读的抗拒。

第五章

问题家庭诊断:怎样重建家庭作业规则?

小勇是一位五年级的学生。老师发现他经常不完成家庭作业，便联系了他父母，可是妈妈说自己几乎无法管教这个孩子。他每天放学先看电视或者玩手机游戏，作业经常不做，学习成绩班级垫底。妈妈还说，小勇上一年级的时候因为自己觉得不重要，基本上没怎么管过他，上学主要由爷爷奶奶接送，也住在爷爷奶奶家。自己现在想管教，但是根本不得法，孩子也不服管，母子之间经常发生冲突。小勇妈妈该怎么办？

通常一个规则从无到有比较好建立，如父母比较容易为一年级初入学校的孩子建立家庭作业规则。但面对小勇那样从来没有过家庭作业规则的孩子，我们还能够建立新的、有效的家庭作业规则吗？我可以肯定地说：“可以！但是需要更多的努力和耐心。”

孩子为什么需要家庭作业规则？

成人不想生活在惯例或规则中，这毕竟是一种约束，一定程度上也限制了自由。但是孩子需要，尤其是那些年龄比较小、比较敏感、容易紧张或情绪不稳定的孩子，因为他们的自然节律还处于不稳定状态，可能自己也不知道为什么听到同一个玩笑昨天会高兴，而今天会生气。他们就是人们日常所说的经常出状况或反复无常的小孩，需要外在的帮助才能保持情绪稳定，需要规则或惯例来规范行为。简单地说就是，规则或惯例让孩子知道下一步会发生什么。如早上 7:00 起床——吃早餐——上学——放学回家——玩一会儿——做作业——吃晚餐——收拾房间并整理第二天要用的物品——玩一会儿——洗漱——睡觉。我们可以看到，这个安排是非常有序的，孩子清楚地知道什么时间在哪里应该干什么，不会出现是否吃早餐的争论，也没有要不要去上学的争论。规则或惯例会让环境变得可预测，孩子在这样的环境中会感到舒适和安心，也会感到更安全。

如前文所述，当家庭规则和惯例经常变换时，孩子会把非常多的精力耗在测试、争论、想花招，以及吹毛求疵、挑剔父母的不是上。相反，当孩子生活在具有稳定的规则或惯例的环境中时，他们会把更多的心思和精力投入主要的发展任务中。孩子自然就会学着以一种相当哲学的态度去接受，"哦，生活就是这样的"，就好像规则是一种自然的力量，任何人都无法控制。这里主要的发展任务指广义的学习，包括注意、探索、尝试、推论以及把他们习得的知识应用到新的情况中等。

统一战线：父母之间的一致

造成家庭作业问题的原因之一是孩子看到父母对规则或惯例的态度不一致，或者说父母并没有按照同样的方式去推行。父母也常常认为要达成一致是非常困难的，甚至是不可能的。

\\\ 私房话 \\\

根据我多年的咨询经验，每当提及要建立一个好的家庭作业规则，需要牵涉其中的每个人都付出努力时，通常会有以下反应：爸爸说，"我工作很忙，我们家主要是妈妈在照顾孩子，管理他的学习"，一副置身事外的样子；妈妈说，"我老公管不好孩子的，他只知道打游戏，不管孩子的"，一副我的娃我做主的样子；父母其中一人说，"我也知道要达成一致才好，可是他/她不听我的，我们永远也不能达成一致。他/她总是拆我的台，我不想吵架"。有时也会父母双双问："老师，你说我们该怎么办？"或者非常轻松地说："好，我们制订家庭作业规则。"但看得出来，他们根本就不认为制订好的规则需要付出努力才能认真执行。

根据我的经验，父母中只要一个人有"团结起来建立统一战线很困难或根本不可能"这种想法，就会让规则中非常重要的一贯性消失，孩子很快就能注意到这一点。对孩子来说，只要有空子可钻，他们一定会想尽办法让规则变得无效。

因此，在建立家庭作业规则之前，父母一定要做好共同努力的准备。任何一个人觉得这不关自己的事，就无法获得好的结果。孩子的成长需要父母的共同努力。

....

父母需要留出一段时间（这段时间必须没有孩子在身边，没有干扰），两个人心平气和地谈一谈想要建立的家庭作业规则或学习规则，哪怕并不太相信自己能始终如一地执行它。只说自己期望的和想要的，同时认真倾听对方的想法和建议，切记不要批评对方的想法！在这个过程中，准备好为统一战线而妥协。只要父母达成统一战线，孩子就很难"分而治之"，否则他们可能会抱怨说，"妈妈/爸爸说我没必要这样做"。一旦这种抱怨出现，很容易造成父母之间的不满甚至怨恨，规则很快会变成过客。

第五章 问题家庭诊断：怎样重建家庭作业规则？

建立有效的父母统一战线的一个方法是解决式谈话，即用一刻钟的时间，父母双方进行解决问题的谈话。在这一刻钟里，选择家庭中困惑或冲突的某一个方面，父母双方都为可能的解决方案献计献策。为了让解决式谈话真正起作用，应遵循以下指导方针：

- 时间不要超过15分钟，否则注意力就会从解决方案转移到讨论问题上（如问题怎么出现的，为什么会出现，谁的责任大，等等，这些通通不要涉及）。
- 用一句话描述问题，然后立即集中精力寻找可能的解决方案。显然，父母对问题了如指掌，但还没有解决办法。否则，我们很容易用这15分钟的时间来思考问题（通常包括寻求原因、分摊责任、相互抱怨）。
- 每次陈述解决方案时，轮流提出一个问题，这样更有助于寻找解决方案。
- 轮流提出可能的解决办法。父母中的任何一方不要垄断谈话，否则另一方会很被动，可能还会持怀疑态度和愤愤不平。
- 永远不要批评另一方的建议。
- 父母双方都应该写下所有可能的解决方案。
- 父母双方都需要致力于将所有可能的解决方案付诸实践。
- 确保不要在晚上九点半之后进行解决问题的谈话，因为疲惫的父母是易怒的父母。

下面是"问—答"技巧在解决式谈话中的运用示例。

母亲：我们来谈谈麦麦看动画片的问题吧。

父亲：怎么了？没有问题就不要制造麻烦。

母亲：有问题。他每天放学回家就会打开电视看动画片，然后做作业的时间不够，很晚睡觉……

父亲：等等，别谈太多问题！我们先来解决麦麦放学后看电视的问题，下次再谈其他问题。

母亲：好的。我们一起来寻找解决方案。嗯……我们应该不允许他在做完作业之前看电视。

父亲：是呀，没有电视可看，你们就有时间好好说说话，聊一聊学校生活了。

母亲：但是……他会反抗的，会不高兴，还可能会哭……

父亲：如果他在规定的时间内做完作业，我们就允许他回看动画片。

母亲：可以试试。可我担心我招架不住……

父亲：保持乐观！我支持你。我们一起和他谈一谈，预先告诉他我们的这个决定。

母亲：我们给他预留两天，从星期三开始，这样他就有两天过渡期，然后执行新规定。

父亲：好。积极一些。

母亲：要保持乐观！

父亲：是。我们要保持乐观！

\\\ **私房话** \\\ ••••••••••••••••••••••••••••••••

这一段短短的对话，有好几个地方很可能让父母陷入相互指责或抱怨。我在父母成长课程中就遇到过妻子说："我一听到他说'没有问题就不要制造麻烦'就火冒三丈，然后迅速反驳

'什么叫没事找事',很容易就'歪楼'了,然后陷入争吵、抱怨、愤恨中。"

解决式谈话的核心就是始终寻找解决问题的方案,不管其他,任何与此无关的话题都忽略。所谓"将军赶路,不追小兔",打赢一场战役重要,还是吃一顿饭重要,这是不言而喻的。

······································

父母讨论的过程中最好用纸笔做记录,建议不用手机、电脑或录音机做记录。白纸黑字自带力量,使每个参与其中的人都更能专注于当前正在处理的事情。

父母双方都要表达自己的期望,且要尽量详细地表达,包括:谁?什么时候?在哪里?做什么?如何做?为什么要这样做?在一方讲话的时候,另一方要仔细倾听,不要批评;讲话的一方也不要翻旧账或指责对方,客观地表达自己的观点就好。双方轮流表达自己的观点,牢记核心目标是建立统一战线。最后达成的家庭作业规则或学习规则需要尽可能详细地写下来,保证每个人都清楚这项规则是如何运作的。

建立明确的规则和期望

首先,要制订一些涵盖许多不同情况的总则。
我建议为儿童和青少年制订以下通用规则:
- 听指挥。简单地说,就是按吩咐去做(包括父母希望孩子开始时做什么,结束时做什么,等等),不要有顶嘴、抱怨等行为。

- 不要打断父母的谈话或正在专注做的事。如果有什么事情需要和父母说，先打招呼（如先叫一声"爸爸/妈妈"，当然也可以是其他的方式，主要目的是提醒对方，自己有话要说），然后静静等待父母停止谈话或正在专注做的事情，看着自己时再说事情。（同样，父母也应该这样做，为孩子树立一个好榜样。）
- 礼貌地提出要求。任何时候都不抱怨，因为抱怨除了增加不满和愤怒，无助于解决任何实际问题，而且会消耗解决问题的资源，包括心理资源。

上述三条基本上是我们传统上要求孩子做到的，今天在这里郑重提出来，是因为这些规则对促进孩子的发展真的特别重要。

其次，为自己（父母）制订一些规则和惯例。

原则上，父母为自己制订的规则应该能最大限度地促进孩子的快速合作行为，类似于讽刺挖苦、说风凉话、激将法、发火、冷暴力之类的，只能火上浇油，让孩子更加抗拒合作。

对父母来说，一个比较有力的规则是：发现自己对孩子生气了或马上要生气了，立即停止说话，做深呼吸，平复自己的情绪。有时候可能非常生气，以至于都没有意识到自己正在生气，那么另一方就应该提醒一下。具体用什么方法提醒以及如何提醒，可以相互约定。生气的一方有义务努力平复自己的怒气，不能说诸如"我在气头上，没办法平静"之类的让自己免责的话。要知道，迅速平复怒气或努力保持平静的努力本身就是向孩子示范如何管理情绪。

另一个比较重要的规则是：不评价或批评另一方的方法和策略，

第五章 问题家庭诊断：怎样重建家庭作业规则？

只说自己的做法、策略和建议。

除此之外，还可以在发现自己对孩子生气了时立即切换到描述性表扬模式，这通常会比其他任何策略更快地让孩子愿意合作。

\\\ 私房话 \\\

我发现很多父母非常喜欢使用激将法。激将法原本是指用刺激性的话使将领出战的一种方法，后泛指用刺激性的话或反话鼓动人去做某事的一种手段。它利用了人的自尊心和逆反心理，以刺激的方式激起不服输情绪，从而达到激发行动的目的。

从儿童发展的视角来看，激将法是一个非常糟糕的策略。首先，激将法要起作用就必须激发情绪——不服气或愤怒情绪，而儿童和青少年本身情绪不稳定，情绪管理技能也有待发展。我们希望儿童和青少年保持情绪稳定，但激将法恰恰需要利用强烈的情绪。其次，儿童和青少年在激发强烈情绪的状态下，很容易高估自己的能力，或者知道自己做不到，也会凭一股不服输的气势作出不恰当的行为承诺。由于准备不充分，他们事后多半做不到，这个时候就会体验到严重的挫败感和沮丧。如果这种情况经常发生，很容易让孩子陷入自我怀疑中，觉得自己是没有能力的人。对于儿童和青少年，我们应该培养他们"凡事预则立，不预则废"的行为准则，怎么能背道而驰，鼓励他们意气用事呢？

父母达成一致后，找一个都心平气和的时间（我们也称这个时间为"中立时间"），与孩子一起坐下来，告诉他新的家庭作业规则或学习规则。

在开始讲话之前，父母要强调这次会议将不超过 10 分钟，并设置一个计时器，以确保能准时结束。即便是一个愤怒、多疑或抗拒的孩子，在知道自己不用承受更多的"苦难"时，也会更乐意接受并参与这样的讨论。10 分钟可能不足以解释所有规则，但我们可以每天有额外的 10 分钟会议时间，直到达成目标——每个家庭成员都能理解并记住所有的家庭作业规则或学习规则，每个家庭成员都能清楚明白地说出这些规则。

讨论开始时，先明确父母和孩子对家庭作业/学习都有责任（父母应用冷静、友好、自信的语气，注意不要让自己听起来胆怯或恼怒），然后在一张空白纸的中间画一条线，在两边分别写上"妈妈和爸爸需要……"和"孩子需要……"。不要告诉孩子新的家庭作业规则是什么，而是从孩子开始，依次询问每个人，他能想到的在家庭作业中应该承担的责任，无论是自己的还是他人的责任。

父母会惊喜地发现，孩子是知道大部分规则的，甚至包括一些他们经常忽略或不断试图谈判的规则。可以在恰当的栏中整齐地写下父母赞同的内容，不要发表任何可能被孩子视为负面信息的评论。

曾经有一位母亲说："我的儿子对我说：'妈妈，在你这边写下"置身事外"。写作业是我自己的责任。我马上就要上高中了，不是小学生。'"这位母亲强忍住没有说出诸如"如果你能做好，我肯定不会吃力不讨好地插手了"这样反唇相讥的话。相反，她暗暗地深吸了一口气，让自己平静下来，然后微笑着说："我的任务就是帮助你养成好习惯，所以我现在还不能置身事外，因为你仍然没有养成好习惯，还需要帮助，如尽早开始做作业。但也许很快我就能置身事外了，这样我们都会很高兴。"这位母亲在说话前停顿了一下，整理了一下思绪，以一种更积极、更少责备的方式向孩子传达了积极的信息。

经过充分讨论，我们就可以将家庭作业规则或学习规则确定下来。需要做一个规则列表，把它放在父母和孩子都能看到的地方。

利用对话帮助孩子记住规则

假设我们想建立一个新规则——孩子每天晚上完成作业后都需要向父母展示作业，我们就需要陈述一遍新规则，然后问如下问题：

- 新规则是什么？
- 新的常规工作什么时候开始？
- 你需要给谁看你的作业？
- 你什么时候需要给我们看你的作业？
- 当你给我们看你完成的作业时，我们坐在哪里？

我们可以想象，那些对家庭作业感觉不好的孩子一开始就会拒绝回答这些问题。他们可能会翻白眼，或者回答"我不知道"，或者喃喃自语。他们也可能会给我们一个滑稽的答案，然后把目光移开，甚至明确表示他们不会回答。这个时候，父母一定不要恐慌，要求孩子回答这类问题本身并没有什么可怕的！孩子每天要回答老师的提问，哪怕他们不喜欢，也会乖乖回答问题。所以，孩子不愿意回答父母问题的最可能的原因是——孩子想考量一下父母能不能执掌大权。这是一种本能的对权力的挑战，所以坚持是"王道"（提醒一下，一定要心平气和，生气你就输了；第一步是成功的关键）。

如一个处于青春期的女孩经常在做家庭作业的时候不尊重父母，她的父母就可以在一个中立时间开启一段经过深思熟虑的对话。提醒一下，一定要想好了问什么再问，不要临时起意，挑起争端，也不要着急，问题存在不是一天两天了，心平气和地解决问题是关键。所谓的想好是指提出的问题希望达到什么目的。

- 当作业让你感到烦恼的时候，咱们不说"作业是愚蠢的"，换个别的说法，你会说什么？
- 当妈妈或爸爸让你做什么事情的时候，什么样的回答才是礼貌的？
- 你怎样才能不粗鲁地向我们表示你很生气呢？

可能很多父母觉得难以置信，这样问会有作用吗？事实上，回答这些问题可以帮助儿童和青少年养成更成熟、更明智的行为习惯。孩子如果说："这个作业蠢死了！"这是一种抱怨，除了让他自己生气和抗拒之外，没有任何用处。当孩子养成这种抱怨的习惯，他就会在未来的工作中也说："这个任务蠢死了！"我们要求孩子回答上述问题，实际上是在改变孩子的思维和行为模式。当孩子的回答得到认可，他会意识到自己做对了。

对于有些孩子，用正确而恰当的方式表达自己的情绪尤其是消极情绪是困难的。他们只会使用带有攻击性的语言，而这种语言具有强大的破坏力，既破坏他们对自己的感觉，也破坏他们的人际关系。用恰当的、社会认可的方法表达自己的坏情绪（不安、烦躁、生气、沮丧……），是一种非常重要的技能。孩子也会注意到自己的表达不被

第五章 问题家庭诊断：怎样重建家庭作业规则？

人们接受，但他们自己不知道应该如何表达。所以，在家庭中，我们做这种短暂的、经过深思熟虑的、有益对话的次数越多，孩子就越容易习得正确的表达方式，就会越频繁地想象自己在做正确的事情。这些积极的形象会进入他的长期记忆，并快速影响他的行为。

父母：当作业让你感到烦恼的时候，咱们不说"作业是愚蠢的"，换个别的说法，你会说什么？

孩子：作业太多了！

父母：嗯，你的意思是你做不完吗？

孩子：是呀，是呀！你看张老师本来布置了三道题，可是李老师又……

父母：我知道了，你今天有很多作业，让你很着急，不知道从何处下手，是吗？

上述对话可以将孩子对作业的抱怨转为如何安排和处理作业。

\\\ **私房话** \\\

实际上，从培养孩子的角度，孩子一时的成绩和做法都不重要，重要的是要引导他做正确的事情。如抱怨是无效的，如何积极想办法解决问题才是重要的。

培养积极的态度和形成一套有效的解决问题的方法是小学和中学阶段的孩子应该获得的重要技能之一。

好的对话的标志是：

- 每次对话只需要1分钟（当然，作业前的综合对话可以长一些，熟练的话，5分钟之内就可以完成）。
- 对话只能发生在中立时间，也就是父母和孩子都不难过，都不匆忙的时候，以及都不对着屏幕的时候。
- 对话总是关于孩子接下来应该做什么，而不是他过去做错了什么。
- 对话用来引入一个新规则或澄清一条被忽略的旧规则。
- 只要有可能，父母要和孩子一起对话。这样做等于告诉孩子，规则是非常重要的，每个人都知道其他人清楚这个规则。这样可以消除孩子试图操纵、分裂或征服父母中的一方的小心思。
- 父母问一些引导性问题，孩子必须理智而有礼貌地回答。
- 如果家中有两个或更多的孩子，那么每次对话只和一个孩子进行，哪怕同样的规则适用于所有孩子，也要如此做。因为对话的有效性取决于孩子对父母所提问题的回答，一次只和一个孩子对话就能保障对话的有效性。

\\\ 私房话 \\\

有些父母可能有疑问，孩子会不会反抗或者不回答问题？事实上，中立时间是关键。当亲子关系处于极端对抗的状态，这种对话是不能进行的，因为没有效果。有些时候，孩子会反抗地问："为什么要制订这样的规则？"我在这里给大家一个通用回答："你觉得我们为什么要制订这样的规则？"其实，孩子知道原因，但有时候会"垂死挣扎"说自己不知道。此时，依

第五章 问题家庭诊断：怎样重建家庭作业规则？

然有一个通用回答："你猜猜看是什么原因。"

"问—答"的关键是让孩子思考和回答。

- -

为了练习"问—答"技术，父母可以先预设孩子会如何回答，也可以做一个规则的列表，甚至写一份合同，合同内容是我们希望孩子做到的事情。以下为一份一年级学生作业合同，可作为范例。

日期：_____

孩子签名：_____

父母签名：_____

老师签名：_____

1. 老师布置完作业，我就记在作业本上。

2. 我会在预定的时间开始做家庭作业。

3. 我会先复习，再动笔写。

4. 如果需要，我会寻求帮助。

5. 我会让父母检查我已完成的作业。

6. 我会整洁。

7. 我会很有条理。

8. 我记下同学的联系电话，当有问题或忘记什么时，可以打电话询问。

9. 我会记得把完成的作业放进书包里，以防忘记带到学校去。

如果我做到了合同中的要求，我将获得_____奖励。

第六章

执行规则并不难：
构建良好生活方式

我们都知道，制订规则或惯例只是帮助孩子养成良好作业习惯的第一步，真正的挑战是执行。不要让孩子有"规则只是挂在墙上看的""规则就是用来打破的"想法，而应该让孩子形成"规则就是要坚定执行的"信念。接下来，我们要谈谈让人头痛的执行问题。

首先，父母需要知道，孩子的节奏和成人不同。当孩子不想做某件事时，他会无精打采，容易分心。如果催促他，他就会有这样或那样的不当行为，可能会装作没听见、磨磨蹭蹭、找借口、讨价还价，甚至干脆拒绝。为了使孩子保持更好的学习状态，更愿意合作，我们需要考虑将孩子的日常生活安排得更加合理。

其次，良好的亲子关系会让孩子更愿意合作，而不是对抗。因此，除了严格要求之外，还需要在日常生活中增加有利于放松、有利于亲子关系的活动。这并不容易，但总比处理匆忙催促孩子时产生的阻力要容易得多。

保障孩子的睡眠

当孩子睡眠充足时，他们的学习效率更高，家庭作业也做得更好。在这一点上，成人也一样，休息好的人会表现得更好。充足的睡眠能够让孩子心情愉快，不容易激动，更愿意合作。

可能很多孩子觉得自己没有睡眠不足，真实的原因是，即使我们睡眠不足，生物钟也会让我们醒来，在白天保持清醒。我们会把中午的昏昏欲睡理解为吃得太饱或肠胃正在消化，所以脑部供血不足，事实上，中午的昏昏欲睡也是生物钟工作的结果；我们会将上课打瞌睡理解为是因为内容无聊或无趣，实际上，对无聊内容的正常反应是躁动不安，而不是感到困倦，感到困倦是睡眠不足的结果。生物钟的存在欺骗了我们的主观感觉，让我们觉得自己很清醒，一点也不困倦。其实，如果我们进入睡眠实验室进行精细的测试，就会发现睡眠不足会让我们变得"愚蠢"。研究者发现，睡眠不足的人和喝醉的人一样，在思维和协调测试中都表现得很差。

对于正在发育中的孩子，睡眠不足的影响更广泛而深远。

第一，睡眠不足会损害大脑的发育，尤其是前额皮层的发育。前额皮层就在我们的额头内，其他动物的这个区域远远小于人类的。它是最后进化出来的一个脑区，人类独有的能力——抽象思维，包括分析、判断、组织、计划、执行、监督、评估、校正等行为，都取决于这个脑区是否足够发达。因此，这个脑区也被称为"执行脑"，它也是最后发育成熟的一个脑区。有研究者提出，它真正发育成熟要到 18 岁以后；越是智力高者，发育结束的年龄越晚，最晚可达 25 岁。

第二，记忆需要在睡眠中被巩固。现代神经科学研究发现，海马是大脑中巩固记忆的一个重要结构，而睡眠时间减少会损害海马神经元的可塑性和功能，导致记忆力下降。许多父母和孩子都自觉或被迫地以睡眠时间换取学习时间，认为这个阶段学习比睡觉重要多了，事实上，睡不好，学习也不会好到哪里去。动物实验发现，睡眠剥夺对记忆功能的损伤是不可逆的。

第三，影响内分泌及代谢功能。睡眠不足会引起内分泌紊乱，可能导致某些疾病的发病率增高，如高血压、Ⅱ型糖尿病、肥胖症、认知障碍等。有些重要的激素，如生长激素，只有在深度睡眠中，其分泌量才能达到高峰。有一位父母曾对我说："我的孩子已经长得很高了，生长激素不那么重要吧！"其实，这里面有个认知错误，生长激素并不是只对长高有作用，它真正的作用是促进细胞的分裂与增殖和蛋白质的合成。也就是说，除了促进生长发育之外，它还促进康复，促进身体机能的修复。所以，我们才会说，生病了要多休息，多睡觉。

第四，影响情绪和情绪调节，更容易出现行为问题。研究者发现，在睡眠不足的儿童中，注意缺陷、多动障碍、情绪调节障碍的发病率会更高，负面情绪增多，更容易烦躁、发怒、冲动、消极、悲观，自我调节能力降低，也更容易出现行为问题。严重的话，甚至会在冲动之下作出伤害性行为，造成无法挽回的后果。另外，睡眠不足对儿童和青少年的情绪干扰是累积性的，也许早期的睡眠不足只是让孩子的脾气略微变坏，父母和孩子可能认为是一时的情绪波动，都忽视了睡眠问题，等到睡眠不足对大脑功能的扰乱逐渐累积，会出现爆发式发作，最终发展为情绪和行为障碍（在我提供过临床咨询的儿童中，有情绪和行为障碍的孩子基本上都有睡眠不足的问题）。这种累积效应甚至会在成人期显现出来。

睡眠不足直接损害记忆力、注意力、自控力、思维能力等，而这些都是学习过程需要的基本能力。同时，它还会影响孩子的情绪与情感，进而影响人际关系、学习兴趣等，最终以在学校很失败或其他心理疾病的形式表现出来。

\\\ 私房话 \\\ ••••••••••••••••••••••••••••••••

让孩子牺牲睡眠时间做作业是非常普遍的现象。我经常听到父母说自己的孩子每晚做作业到 12 点，还有的说不做完作

第六章 执行规则并不难：构建良好生活方式

业就不让孩子睡觉。从身心发育的视角来看，这样的做法是完全错误的。我会强烈建议我的来访者让孩子按时睡觉，要让孩子形成"什么工作都不能以牺牲身体健康为代价"的信念。孩子会内化成人尤其是父母的信念，当父母向孩子传递作业比睡眠重要的信念时，孩子也在内化睡眠不重要的信念。看看今天通宵玩手机的成人，他们明明没有什么重要的事情，却可以牺牲睡眠，也许在他们的潜意识里都刻着"睡眠不重要"这句话。

以我的孩子为例，我们没有规定她必须做完作业才能睡觉，而是规定读小学时晚上9点必须上床睡觉，读初中时只延后了一个小时。换言之，没有做完作业也必须睡觉。最开始建立这个规则时，她哭过，要求做完作业再睡觉。我和她爸爸坚决要求她按时睡觉，没有做完作业可以早上提前起床。

······································

很多父母不知道多长的睡眠时间对孩子来说是最佳的。儿童和青少年比我们意识到的需要更多的睡眠，当然也比他们自己意识到的需要更多的睡眠。

以下是我对孩子每天所需睡眠时间的建议：

4—6岁：11.5—13 小时

7—10岁：10.5—12 小时

11—12岁：9.5—11 小时

13—14岁：8.5—9.5 小时

营养均衡

父母都知道，营养均衡对儿童和青少年的发育非常重要，但可能不太知道摄入过量的甜食会让孩子过度兴奋、哭泣、易怒或沮丧，还可能影响孩子的注意力、动机、对细节的注意、社会意识和短期记忆，而这些都是在学校取得成功的必备要素。

因此，父母应该限制孩子吃甜食和其他垃圾食品。当然，孩子大多喜欢高糖饮料、膨化食品，如果加以限制，他们可能会抱怨，会觉得不公平。事实上，健康的饮食习惯不必经过限制或剥夺过程，也不必经历争论和冲突，只要遵循一些重要的原则就可以很自然地形成：

第一，家里不要存放不利于健康的食物，这样可以消除视觉诱惑。当然，父母要以身作则，不要在孩子面前吃/喝任何不利于健康的食物。

第二，在家里大谈健康食品的好处。注意，不要对孩子说教，尤其是批判不健康的食品，忽视它们就好。

第三，用心聆听孩子对健康饮食计划的不满。我女儿就曾经对我说过："我就是觉得你们认为的垃圾食品好吃。"用心听孩子抱怨，对孩子表示同情，但不争论。记住第二条，不说教。

第四，每周到外面吃一两次饭，注意，要在外面吃，这样做是为了保持界限清晰。记得我女儿上初三的时候，我家附近开了一家大型购物中心，里面有很多吃东西的地方。我们约定每周六做完作业，周日外出吃午饭。

第五，不限制他们和其他孩子一起玩耍时吃什么，也不评论其他

第六章 执行规则并不难：构建良好生活方式

孩子吃的东西。毕竟，不利于健康的食物只要不多吃也没太大影响，不必为此让孩子在朋友面前丢面子。

这些原则的好处是，孩子在家里吃的都是健康食品，可以减少各种因为吃什么而引起的争论。一般来说，孩子放学回家后会很饿，需要吃点东西来补充体力。记得我女儿上中学的时候，每天放学回家第一件事就是找吃的，所以我会给她准备好食物。通常会准备果汁或牛奶，吃的食物会规定量，因为饿的时候很容易吃多，这样会影响她的晚餐。

安排特定的亲子活动时间

孩子需要并且渴望父母的积极关注，他们也应该得到父母的积极关注。所谓积极关注，不是指看着孩子，而是注意强调他们的长处，有选择地突出他们行为中的积极方面，向他们表达温暖、关心、接纳和重视。积极关注的需要体现了一个人被人爱、被人喜欢和被人认可的需要。获得足够的积极关注是一个人心理健康和发展一致的自我价值感的必要条件。当孩子获得足够的来自父母的积极关注时，他们大量的不当行为，包括寻求负面关注的行为以及对家庭作业的抱怨会大大减少。描述性表扬就是一种重要而简单的给予孩子积极关注的方法。

另一种重要的方法是父母为孩子安排特别的时间——一对一的、专注的、没有其他人或其他事情打扰的时间，包括没有开着的电视，不需要时不时看手机，等等。如果家中有两个孩子，也包括没有另一个孩子的干扰。这个特别的时间只属于某一个孩子。这个时候，父母会看到孩子最好的一面，孩子也能够看到父母最好的一面。这个特别的时间会在父母和孩子之间建立一种非常牢固的纽带。当孩子不愿意做家庭作业时，这种纽带会很有帮助，会唤醒孩子让父母感到自豪的渴望。

在今天的社会中，每个人都很繁忙，父母尤其如此，可能要忙工作，忙家务，忙做饭，连娱乐时间都没有。时间总是不够用，单独为孩子开辟出一段特别的时间似乎是不可能的。如果这样考虑，可能会有一个误会，那就是这段特别的时间是整块的时间。实际上并不是，父母可以从短小的时间段开始，如每天10—15分钟，很快就会和孩子享受这段特殊时光。父母会期待它，并感到它在滋养自己和孩子。等有了这些享受，父母也许很快就会发现，可以计划在周末和假期与孩子单独相处更长的时间。

另外，要养成以不花钱的方式共度特别时光的习惯。父母可以和孩子一起打扑克、下棋、拼图、绘画、做手工、做饭，也可以去户外踢毽子、玩飞盘、散步等。这个时间不需要讨论学习问题，当然，如果孩子愿意，也可以分享他的学校生活，注意不要涉及任何与在学校取得成功相关的话题。这段特别的时间是享受亲子关系的时间，没有任何的压力。

一开始，有些自我意识比较强的孩子可能会对这些"不酷"的活动嗤之以鼻，但父母要坚持下去，否则，特别的时间很容易会变成定期带他们去看电影、购物或外出吃饭的时间。所有这些活动都需要花钱，而且往往需要有外出计划，当孩子不理解父母为此承担的麻烦或花费时，父母就会有怨言，会觉得孩子不体谅，甚至有自我牺牲感。这一定不是父母想要的。

第六章　执行规则并不难：构建良好生活方式

\\\ 私房话 \\\

我和女儿在这段特别的时间里经常做的事情很多，包括周末一起看动画片，是真的一起看。有时候我要去上厕所，女儿会按下暂停键等我，就像她要去厕所时要求暂停一样。我们一起开心地笑，一起评论某些角色的行为。在这个过程中，我可以了解她的想法，可以传授我的人生经验，可以引导她注意一个人的成功或失败都是有原因的。我们经常会从动画片中找到某种行为模式，这种行为模式成为我们的默契。我们会在看到或经历了某种类似的情境时，提起某个名称，然后会心一笑。顺便说一下，直到今天，我们的对话中还会冒出当年所看的某些动画片中的人物和行为。已经成年的女儿还会邀请我和她一起看某些电影和电视剧。我们俩窝在客厅的大沙发中，分享那些好玩的片段，真的很快乐。

我还经常看女儿看的图书，以建立共同的话题。她会很愿意和我谈她看过的书，吐槽某个角色或欣赏某个角色。这种对话通常是没有任何威胁的。曾经有位母亲对我说："每当我和孩子讨论什么故事时，孩子就很警惕，很抗拒，说：'妈妈，你是不是又要教育我？'"然后，我就问："你真的没有要教育她吗？"这位母亲沉默了一会儿，说："是，我总是忍不住要告诉她人生哲理，总是忍不住要推着她前进。老师，你说，现代社会竞争如此激烈，成绩不好怎么行？不好好学习怎么行？"

我们要创造的是一段特殊的亲密时光，仅仅为了增进彼此之间的联结，增进彼此之间的情感和爱。没有压力，没有要求，这段时光让我们关心彼此，考虑对方的感受；让我们在有矛盾和冲突的时候，记得彼此爱着对方，不会因为一时愤恨甩袖而去，不会不管不顾地伤害对方。从上面的例子中，我们可以看到，孩子是敏感的，他们很快就能感受到我们是否带着目的和他们嬉戏。他们会抗拒我们无孔不入地向他们施加压力。他们感受不到温情，我们自己似乎也忘记了如何爱孩子，好像和孩子的接触就剩下每天催促他们起床、吃饭、做作业、睡觉。那些美好的、温情脉脉的、彼此欣赏的时光，都去哪里了？如果作为成人的我们都无法控制自己的焦虑，传递给孩子的一定是更多的压力和焦虑。要知道，孩子正在发育中的大脑无法承受这些压力，他们也没有很好的应对压力的策略。

我女儿经常和爸爸去打羽毛球，也会一起下跳棋，更小的时候会玩飞行棋。这些都发生在固定的时间段，这个时间段就是玩的时间段，可以根据不同的需求决定玩什么。这些快乐的时光已经成为我们的家庭历史，是我们每一个家庭成员共同的回忆。

· ·

经常、可预测的特殊时间对所有家庭成员都有好处。孩子的自信心、对生活的热情、解决棘手任务的意愿和取悦父母的动机，都会稳步增长，因为他在这个世界上最重要的人都表现出渴望与他共度时光。对于父母和孩子，这段特别的时间会产生许多美好的回忆，这会使父母更容易记住孩子的好品质，而孩子也更容易记住父母的好品质。孩子终究要长大成人，要离开家去闯荡世界，但是这些共同度过的时光会成为共同的记忆，那些美好的有关家的记忆。

做一个积极的倾听者

作为父母,我们总是急于把自己的看法和经验传递给孩子。事实上,和孩子在一起时,做一个积极的倾听者更重要。参与一场有意义的对话,不只是有话要说,更重要的是,让对方知道我们在听,而且真的很感兴趣。

要让孩子知道他说的话对我们很重要,我们应该在他说话的时候直视他,并在回应中重复他说的关键词或短语。这并不是一件容易的事,同时要记得在没有干扰(其他兄弟姐妹、电视、电话等)时交谈。

不管多累多忙,父母都应该抽出时间来听孩子说话。如果父母表现出真正的兴趣,并分享自己的想法,孩子通常愿意和父母有更多的交谈。不要觉得等自己不忙了、不累了、有心情了,就可以和孩子好好谈谈,事实上,那样的时候可能永远不会到来。

倾听孩子说话是父母一天中重要的生活内容之一,要让孩子知道我们总会抽出时间去倾听。

引导孩子的闲暇活动

孩子有多少闲暇时间以及这些时间都用来做什么,极大地影响着他们对待家庭作业和学习的态度。

当一个孩子的一天被课外活动挤得满满的,即使这些活动非常有趣,他也没有时间放松。在这种情况下,孩子会对家庭作业产生厌烦情绪。虽然许多课外活动很有价值，但不要在放学后安排太多，可以把这些活动转移到周末和节假日。

当孩子空闲的时候，父母应该给他们一张"负面清单"，也就是规定他们不能做什么。只要是没有规定不能做的，其他活动让他们自己安排。在"负面清单"中，需要排除有人身安全问题的活动；另外需要排除的活动就是在作业完成之前的视屏活动。视屏活动包括看电视、玩手机、玩电脑等，我们把花在屏幕前的活动时间统称为"视屏时间"。研究发现，视屏时间会削弱做作业的动力。孩子在屏幕前花的时间越少，他们就越愿意合作，越懂得尊重以及自立。在此，我并不是建议所有的视屏时间都应该取消，而是强调要合理安排。

关于作业质量和视屏时间的关系研究发现，孩子在屏幕前花的时间越少，越能获得很多重要的好处。这些好处包括：（1）孩子可以更长久地集中注意力，从事那些挑战他们智力的活动。（2）孩子在身体上更具活力，这可以改善他们的姿势、肌肉张力、消化和睡眠习惯。孩子在做作业时也会受益，会感觉更容易，压力更小。（3）视屏时间越少，孩子就会说越多的话，说得多就可以提高他们的词汇量，优化句子结构。（4）孩子会把更多的精力和注意力投入生活中其他可能带来乐趣和回报的活动，如体育运动、练习乐器、和朋友玩耍、和父母聊天、玩桌面游戏，甚至包括做作业。（5）孩子更愿意阅读，在做作业的时候更认真，脾气也不暴躁、易怒了。（6）当孩子少接触出现在屏幕上的攻击性、恐吓、暴力和破坏财产的行为，他们的日常游戏就会逐渐变得不那么有攻击性，不那么狂野，甚至不那么有竞争性。这种平静的心态有助于完成家庭作业。

根据最新的大脑研究，我们建议3岁以下的孩子尽量少接触屏幕。对于3—8岁的孩子，建议将他们每天的视屏时间控制在半个小时以内。从8岁开始，一直到成年期，休闲的视屏时间应该限制为每天一小时。当然，一些特殊的时段，如喜欢的某重大比赛直播或者看一场电影等，可以允许例外。由于某些特殊原因，如新冠肺炎疫情期间，孩子需要上网课，在电脑上完成作业，这个时间应该和休闲的视屏时间区分开。

防止孩子利用各种机会滥用电子产品是父母的重要责任，孩子的"内控"（自我控制）能力较弱，他们需要通过"外控"（外界的控制）来帮助他们达成管控自己的目的。

安排体育锻炼：宣泄情绪和获得掌控感

体育活动有许多好处，可以间接但显著地帮助孩子发挥学业潜力：每天锻炼得多的孩子更容易入睡，睡得也更香，醒来时会更轻松、更精神；孩子不易发脾气，不易心烦意乱，更能坚持完成任务，记住别人对他的期望。活力四射的体育活动似乎也能帮助那些有抵触情绪或不情愿学习的孩子燃烧掉他们对学业和家庭作业的愤怒和焦虑。每天进行剧烈运动可以让烦躁、不安、冲动的孩子明显变得更平静，不那么"亢奋"。这种平静使他们能更好、更长久地集中注意力。

有些孩子，尤其是那些脾气大、比较难相处的孩子，更需要大量的体力活动。对父母来说，每天安排孩子进行体育锻炼可能有些困难，但这其实是一项对孩子的投资。

对于不喜欢任何运动的孩子，家长更有必要鼓励和帮助他们参与运动。他们之所以不喜欢运动，很可能是因为觉得自己不擅长运动。

要知道，越是允许这样的孩子不运动，他们就越没有机会提高，他们和其他经常运动的孩子之间的差距会随着时间的推移越来越大。他们会在学校的体育课上以及相关活动中，越来越觉得自己表现不好，主动边缘化（凡是与运动有关的活动都主动退出），成为被同学嘲笑和排挤的人，不仅失去健康，而且失去自尊。

此外，球类运动和其他团队运动可以给孩子提供发展社交能力的绝佳机会。孩子学会了合作，学会了守秩序，学会了尽最大努力，学会了赢而不沾沾自喜，学会了输而不生闷气。对那些很难和别人一起玩的孩子来说，更应该练习上述重要的社交能力。

让不愿运动的孩子锻炼身体的最好方法是父母和他们一起运动。尽可能多走路，逛逛小区周边，这样做不但会自然而然地让孩子有更多的锻炼，而且可以帮助他们熟悉自己居住的环境，教会他们如何在公共场合展现自己。

尽量让孩子在自然光下活动，因为自然光能使身体的某些系统发挥最佳功能。对城市孩子来说，待在户外的时间越多越好。

\\\ 私房话 \\\

提及这个话题，我想起了最近接受的一个有关美国歧视亚裔人群的采访，其中一个话题是关于我国在美留学生应对歧视的策略。其他策略在此不谈，但有一个和身体活动有关的策略，我觉得有必要告诉父母（这也是我给出的预防霸凌的策略之一）。

我建议留学生都多参加运动，让自己的身体灵活且有力量。当然，这不是为了被歧视时和人打架，主要是为了获得身体掌控感。当一个人的身体灵活且有力量，他会对自己的身体满意，觉得身体不会违背自己的意志，该跑的时候能跑开，该躲避的时候能躲开，不至于一被推搡就倒下。他站得直且挺胸抬头，给人的直观印象就是这个人很有力量，很精神，不容易推动。要知道，那些歧视者或霸凌者是挑对象欺负的，他们一般会找看上去比较弱的人欺负。

此外，身体掌控感也是主观掌控感的重要组成部分，而掌控感和自尊水平以及自信具有正相关。

掌握好孩子一天的节奏

父母要安排好孩子从早晨起床到晚上睡觉的时间节奏。

不要让孩子睡得太晚，保证充足的睡眠比完成作业本身更重要。

不要让家庭作业占用太多时间——开始做作业的时间不能太晚，应该安排在孩子头脑清醒的时候，这样他们不容易出错，做作业的效率会更高，不至于将家庭作业时间拖很长，如此就能按时睡觉。形成良性循环后，孩子作业完成得越轻松，就越容易养成良好的习惯，也就越自信，越容易安然入睡。反之，他们头脑越不清晰、越累，就越没有条理，越不能很好地完成作业，越容易出错，从而导致恐慌，入睡困难。

不要让课外活动占用作业时间。如果课外活动太多，想尽了办法都没能让孩子按时完成作业，就有必要重新安排或取消一些课外活动。

第七章

执行规则并不难：善用策略

后执行：不应被忽视的行为强化方式

我们制订规则是为了执行。为了降低执行的阻力，我们需要做好前期准备工作：孩子没有处于睡眠不足、烦躁不安的状态；亲子关系良好，没有处于针锋相对的状态；孩子的身体健康状况良好。

现在，我们要执行规则或惯例。只要执行就必然有一个结果，这里引入一个术语叫"后执行"，指的是我们如何应对合作或不合作的结果。提到"后执行"，通常父母的思维会自动跳到处理不当行为的后果上。但在此我想先讨论一下，当孩子很合作时，我们该如何有效地"后执行"。这一点非常重要，因为良好行为习惯的养成是通过强化而不是惩罚建立的。在良好的行为之后，我们需要定期"后执行"，因为这是加强合作、激励和自力更生的最有效方法。

当孩子在做正确的事情时，我们通常会抓住机会把注意力转向待办事项清单上的下一个任务，忽略了对孩子所做的正确的事情的强化。这样做是不对的。

此外，即使是一个经常拒绝做家庭作业的孩子，偶尔也会按照我们说的去做。他可能会在没有提醒的情况下打开练习本，记得做笔记，标出重点语句，或者礼貌地回答父母。父母通常认为这些积极的行为是理所当然的，因为他们默认这种程度的合作是孩子应该做的。

这种反应可以理解，却太短视。在孩子学会大部分时间都合作、积极和独立之前，我们不能简单地认为他们自然而然就会这样。我们需要通过强化这些小的积极行为来获得更多的积极行为。所谓"不积跬步，无以至千里；不积小流，无以成江海"，好的行为习惯也是逐步建立的。当我们对孩子所做的正确的事情进行"后执行"时，实际上是在告诉孩子哪些行为是正确的，应该继续做下去。父母经常说："我不敢表扬他，怕他骄傲，不谦虚。"实际上，大可不必有这种担心，恰恰相反，父母的表扬可以让孩子对自己感觉良好，这对他们形成积极的自我概念有莫大的好处，为自己骄傲正是他们自信的表现。还有些父母会说，如果指出孩子做"对了"些什么，反而会提醒孩子继续捣蛋。这种情况的确会偶尔发生，尤其会在那些非常冲动或与父母有严重冲突的孩子身上发生，且发生在新规则执行的前几周，但这并不是我们不为积极行为"后执行"的理由。记住，行为塑造最有力量的方法是强化，如描述性表扬。

描述性表扬：对积极行为的后执行

描述性表扬是我们每天都可以使用很多次的策略。描述性表扬做得越多，就会越快建立起新的、更积极的家庭作业习惯。

父母信手拈来的表扬是诸如"很好！""好孩子！""你真聪明！""你真棒！"之类的抽象语句。父母也许认为这样的表扬能够帮助孩子获得自信，或者希望能够鼓励孩子在遇到困难时继续努力。但这种表扬有一个问题，那就是孩子不太相信。他们会感受到，其他人并不认为他们有多么了不起。他们会在内心得出如下结论：父母并不真的相信他们非常聪明或有才华，只是在夸大其词，试图让他们感觉良好；或者父母确实相信他们做得非常好，但这仅仅因为他们是父母的孩子，父母爱他们。此类表扬的另一个不好之处是，孩子并不知道哪些具体的行为做对了，值得这样的表扬，或者误解为只要取得好成绩就能得到这样的表扬。以下为实例：

我曾经在一次高级教师培训课上听一位老师说："我有一个学生，成绩不是很稳定，有一次期中考试成绩不错，我就在班会上表扬了他，结果下半学期状况频出，到期末的时候成绩又下滑得厉害。"

我问："你是怎么表扬他的？"

这位老师说："我就说：'这个学期某某同学特别值得表扬，他这次期中考试从上个学期末的全班第20名上升到第3名，我们全班同学为他鼓掌。'"

我继续问："你觉得是什么原因让这个学生上半学期的成绩大幅上升的？"

这位老师说："他这个学期的学习态度特别好，每一门课程作业都做了细致的订正。他有分门别类的几个订正本，我看过，订正得非常细心，有些还做了标注，写着'注意符号变化''不规则复数'等。我觉得他在每次犯错后都有仔细反省，所以成绩提高得很快。"

我说："所以你认为他成绩提高的原因是'用心订正'这一正确的事情，假如他继续做这一正确的事情，他的成绩还会下滑吗？"

这位老师说："您的意思是我应该表扬他这件事情，而不是笼统地表扬？"

我说："是呀！笼统的表扬对孩子来说意味着他这段时间做的所有事情都被表扬了，他就不能将行为定位到做真正'正确的事情'上。"

描述性表扬完全不同于笼统、抽象的表扬。它是一个非常强大的激励因素，可以帮助孩子知道什么是我们希望他们做的。由于给了孩子非常详细的、有关他们做什么是可以得到赞赏的信息，他们能够非常清晰地知道什么是"正确的事情"。

描述性表扬不用很多夸张的形容词,只重视走在正确道路上的每一小步。在习惯形成初期,对正确的每一小步都给予强化。这些小步包括:(1)在行为、态度、做作业的习惯、对细节的关注、社交技巧等方面有一点小小的改进。这种方法也可以应用到生活中其他习惯的培养上,以及运用到成人身上,如夸太太做饭好吃。事实上,我们在企业培训中,也鼓励使用描述性表扬来培养员工。(2)孩子的行为或工作并不出色,但还过得去。这些还过得去的行为(通常是父母认为理所当然的行为)也是值得描述性表扬的,因为针对这些还过得去的行为的描述性表扬可以帮助孩子走在正确的路上,就像在正确的路上点亮了一盏灯,让孩子知道正确的方向在哪里。这一点是父母经常忽略的,认为这些理所当然的行为不值得表扬。但是如果没有表扬,孩子怎么知道这个方向是对的呢?要知道,孩子可不知道成人的不言而喻究竟指向什么。(3)没有负面行为。俗话说:"会哭的孩子有奶喝。"那些没有负面行为的孩子很容易被忽视,他们需要父母的描述性表扬,好知道父母对自己多么满意。

刚开始使用描述性表扬的时候,父母可能会担心,如果没有在句末加上"做得好"或"太棒了",孩子会意识不到他们受到了表扬。事实上,他们知道,因为我们会谈论他们做对了什么,我们的表情看起来很欣喜,语气听起来很高兴。

描述性表扬之所以具有如此强烈的激励作用,是因为它触及了关于人类的一个普遍真理:我们所有人(包括儿童、青少年)都倾向于取悦那些对我们很好的人。我在此谈及要让孩子高兴,并不是指纵容孩子或对原则让步;我的意思是表示我们的感激和赞同,表现出友好、礼貌和尊重。此外，所有的孩子都迫切地希望自己的父母为他们骄傲。通过描述性表扬，即使是那些已经放弃取悦父母的孩子也会很快开始感觉好些了，行为也会变好。

显然，描述性表扬对父母的要求相对较高，因为不能信口开河地表扬孩子，而是要真正观察孩子的点滴进步。有些父母会问：我不知道怎样才是描述性表扬，如何在点滴中引导孩子走上正确的路呢？

\\\ 私房话 \\\

我经常在父母培训课上问父母："你们有多长时间没有全心全意地欣赏自己的孩子了？"

想一想孩子小的时候，他会笑了，会爬了，会走路了，会说话了，他的点滴进步都让我们欣喜若狂。我们会欣喜地向他人描述："我家宝宝会走了！""他会用勺子吃饭了！""他做了……"从什么时候开始，我们对孩子的点滴进步熟视无睹，反而多番挑剔？我们习惯了自谦，习惯了在人前夸奖他人的孩子，同时贬低自己的孩子。这样的行为会让孩子形成一种"我不行，我不够好"的心理印象，这种印象就像舞台上某个角色的脚本，要想扮演好这个角色就需要按照脚本描述的方式来演。人物/角色脚本也就是"人设"，设想一下，如果我们的孩子有了"我不行"的人设，他将如何表现？

记得有一位朋友和我说过一件事。她拍完婚纱照后要去挑选照片，由于挑选出来洗印的照片是按照数量付钱的，因此她希望能够尽量少而精地挑到自己满意的。她在挑选的过程中发

第七章 执行规则并不难：善用策略

现，决策好难呀，很多照片都很好看，都想洗印出来。等挑选的照片洗印出来后，摄影师告知，还可以挑选一张放大，赠送给新人。我的朋友在这一次的挑选中，发现哪一张都不满意，觉得每一张都有缺点。她问我为什么会这样，同样的照片，怎么原来觉得哪张都好，现在又觉得都不尽如人意了呢？

当我们找优点的时候，哪里都好；当我们找缺点的时候，自然就都不如意了。描述性表扬的实质就是全方位地欣赏孩子。如果能够做到从优点和欣赏的视角看待孩子，这种表扬就不难了。父母多练习就能游刃有余地欣赏自己的孩子。给孩子一个好的"人设"，他们会按照这个好的"人设"表现出来。

这里提供一条"人设"训练方法。在个人成长课程中，我们会做一些想象练习，如在社交能力提升训练中，我们会先让学员想象自己是一个在社交中游刃有余的人，然后想象这个人会如何行事，他在某个社交场合会如何表现——记住这个表现，想象得越具体越好。然后，在一个社交场合表演这个人。以此类推，可以想象自己是一个自信的人、积极热情的人、坚强的人。这种练习的核心就是改变一个人的内在"人设"。其逻辑是：想象一个"伪人设"——"真行为"——"真反馈"——"真人设"。

再延伸一点，孩子最初的"人设"来自成长环境中重要他人对他的反馈。而最重要的成长环境就是家庭，最重要的他人就是父母。如果父母对他的评价几乎都是负面的，尤其是有关能力（学业成绩）的评价是负面的，就会让他形成自己能力不够的内在脚本。如果我们不能让孩子安全地犯错误，即每次犯错，无论错误大小，都会被责备，他们很容易就内化"犯错是很可怕的"这一脚本。有这种内在脚本的人，通常会表现得循规蹈矩、谨小慎微，没有勇气尝试新鲜事物，没有创新精神，这才是心理学家眼中的"原生家庭影响"。好消息是，内在脚本或"人设"是可以更新、升级的。

· ·

下面是一些描述性表扬的例子。每一个描述性表扬只需要几秒钟就能说出来（注意，是欣赏、高兴地说出来）：

对于听指挥：
- 你按照我说的做了。
- 你的动作很迅速，我一要求你就把书拿出来了。
- 你没有浪费时间！
- 我真高兴，你没有和我争论。

对于遵循规则或惯例：
- 你在写作文呀，真好，不用提醒你就做了。
- 你说了要在十点前做，就真的做到了。
- 你记住了新规则。
- 你今天的作业安排很合理。

对于坚持努力：
- 我发现你遇到困难时没有放弃，而是重新阅读说明书。真明智！
- 我看你已经坐了十分钟了，一次也没有起来。
- 你已经不再敲桌子了，现在平静、温和多了。

第七章 执行规则并不难：善用策略

- 你的定力升级了，隔壁装修都没能干扰你写作文。

对于注重细节：

- 你发现自己的错误了。我没提醒你，你就纠正了。
- 你注意到书信体的格式了，没有写错。
- 你的每个解题步骤都写得清清楚楚。
- 你的字都写在格子里了。
- 这张桌子上没有杂物。

对于礼貌和体谅：

- 你耐心地等待。
- 我很感激你没有打断我。
- 谢谢你在我跟你说话时看着我。
- 你可能有点生气，但我听到的都是礼貌的话。谢谢！

对于积极的态度：

- 虽然你不知道如何回答这道阅读理解题，但你试过了。
- 你没说"我不知道"。猜测也是需要勇气的。
- 你没有抱怨。

当我们经常表现出高兴时，孩子也会发现他们能让我们高兴。我们越多地注意和提及他们积极的行为、态度和学习习惯，孩子就会变得越合作、积极和自立。

我建议父母从每天有十个描述性表扬开始。父母会发现这种感觉很好（对父母和孩子都是）。当我们努力对孩子作出这些表扬时，很快就能够注意到孩子的点滴进步和积极的行为，从而更加欣赏自己的孩子。

\\\ 私房话 \\\ •

父母可能会注意到，我们示例的表扬和孩子未来要发展的 21 世纪能力有关。培养孩子的 21 世纪能力是我们培养孩子要走的正确的路。

我们希望孩子做什么、如何做，都可以通过描述性表扬来实现。表扬的核心内容是我们希望孩子重复的行为。"做得好"不足以指向特定的行为，而应该具体指出什么事情/行为做得好。所以在进行描述性表扬的时候，做一些细节描述，加入我们希望的"品质"，有助于我们传递价值观、技能和习惯。

"哇！我发现你的组织能力很好哦！你看，你记得把明天要用的工具和书本都收拾好，放入书包，还把桌子收拾得干净整洁。然后，先把电热毯打开，再去洗漱，这样回来就有热被窝睡了！你的安排非常有条理！"这一段描述性表扬加入了我们期望的品质，做了细节描述，非常容易让孩子接纳。同时，孩子还可能内化"自己是个有条理的人"的内在脚本。没有人不喜欢自己被称赞，每一个人都希望自己做的被看到、被欣赏。

一般来说，父母期望孩子拥有的品质有合作、尊重/好言好语、慷慨/大度、有耐心、体贴、自力更生、独立、灵活/不刻板、诚实、勇气、自控、注重细节、尽其所能、坚持不懈、创新等。父母可以在描述性表扬中加入任何自己认为重要的品质。记住，这些品质将成为孩子"人设"的一部分。

• •

第七章 执行规则并不难：善用策略

"开始行为"策略：一言九鼎

在培养好的作业习惯时，我们经常会要求孩子做什么或如何做某事，这些被称为"开始行为"。当然，有时候我们也希望孩子停止做某件事，这就是所谓的"停止行为"，通常发生在孩子行为不端、违反规则或做了令人讨厌的事情时。先给大家介绍专门针对"开始行为"的"一言九鼎"策略。

当我们要求孩子做作业时，他们有时候并不会立即配合，作为父母，我们一般会再要求一次……一次又一次……一次又一次。我们重复的次数越多，孩子就越没有动力去听。除了重复提醒、唠叨、哄骗、威胁、大喊大叫，我们还有另一种选择。有一种策略可以让孩子们养成认真对待我们的习惯，并在我们第一次提出要求时就去做，我将其称为"一言九鼎"。父母会发现，当我们对所有的"开始行为"使用"一言九鼎"策略后，我们不太容易感到沮丧。

"一言九鼎"策略有六个步骤。大多数情况下，我们只需要前三步就可以达到合作的效果，剩下的三步是在孩子特别抗拒的时候使用的。

需要说明的是，"一言九鼎"策略在两种情况下不能使用。一种情况是当孩子坐在屏幕前时，因为屏幕上的活动会让人沉溺和上瘾。为了成功地使用"一言九鼎"策略，父母需要在开始第一步之前关掉所有的电子设备。如果让孩子远离屏幕是一场家庭战争，我们将在后面陈述如何让父母重新获得掌控能力，让视屏活动成为家庭生活中的积极元素。另一种不能使用的情况是，当父母觉得很匆忙，有其他重要的事情要处理时。简单地说，就是没有充足的时间不要用，尤其在开始建立规则的时候。

第一步：停下手头的事，去找孩子。

第一步可能是最艰难的一步。我们工作一天，刚下班回家就要忙着做饭，还要收拾屋子，几乎没有空闲时间。我们通常会在厨房或客厅内冲孩子喊话，给出指示。这个时候，我们没有看着孩子，孩子也没有看着我们。我们和孩子甚至可能不在同一个房间里。有句顺口溜是这样说的："大懒差（chāi）小懒，小懒差门槛，门槛差土地，土地坐着喊。"每个人都在喊，都在要求别人去做事情，但最终没有一个动的。结果不言而喻——没有人起身去做点什么。

"一言九鼎"策略的第一步主要针对这个问题：要说话之前，我们应站在孩子面前看着他。

站立是这一步的重要部分，因为站立表明我们是认真的。站立是非常有力量的，它传达出父母是负责人、父母知道自己想要什么、父母期待什么发生等信息。如果能始终如一地使用这个策略，总有一天我们不需要站着就能被认真对待，但现在我们可能需要站在孩子面前。

第二步：等待孩子停下他正在做的事情，抬头看着我们。

孩子可能正坐在打开的练习本前，怒气冲冲地皱着眉头，也可能在把玩一支笔。此时，我们不应着急，而是应该站在他的面前，耐心地等他放下手里的东西，抬头看着我们。也许有些父母认为孩子可能永远不会抬头，事实是他们会。

我们可以通过描述性表扬来正面强化孩子正在做的或可以做的事情，来帮助孩子抬头看我们。记住，"一言九鼎"策略指向"开始行

第七章 执行规则并不难：善用策略

为"，孩子在那个时候是没有做错任何事的，这也意味着我们不批评孩子正在做的事情，不管他在做什么。我们只是想让他开始做下一件事。如果父母接受了前面的建议，给予过很多描述性表扬，孩子会想看我们的。

\\\ 私房话 \\\

这一步对很多父母来说是一种修炼。因为当他们看到孩子在做作业时"摸鱼"，或做其他与作业无关的事情，就会忍不住数落孩子，忍不住生气。一旦开始数落、说教，孩子的情绪立刻低落，稍好一点的情况是，虽然孩子不高兴，但还是顺从了父母的要求，更差的情况是，孩子会和父母争辩，甚至发脾气。我们都能理解，当父母面对一个心烦意乱的孩子时，自己也可能心烦意乱。如果孩子挑衅，我们可能会感到愤怒、焦虑或内疚。这里的核心问题是，强烈的情感很容易蒙蔽思考，导致我们冲动地作出错误行为，而不是花时间利用每一次互动，帮助孩子培养良好的习惯。

我们的目的是让孩子开始做作业，忍不住的后果之一是，孩子通过争辩或吵闹成功转移父母的目标。他们可以赌气、不讲理，然后不做作业，因为父母让他不高兴了。这样亲子关系就会受到极大影响。

后果之二是，孩子会自动将做作业和不高兴的情绪联结在一起。通常情况下，孩子即使不高兴，也会顺从地去做作业，所以父母意识不到这种情况的后果比上一种要严重得多。因为一做作业就烦恼、不高兴的模式可以泛化和延续到完成其他方面的任务以及未来的工作任务中，孩子会自然而然地认为工作就是痛苦的。

所以，请父母注意，这一步仅仅是为了"开始行动"，平静地站在孩子面前就好，千万不要节外生枝。等孩子抬头看着我们，便可进入第三步——提出要求。

万一忍不住，无法保持冷静和友好，那么在进入第三步之前，让自己停下来。可以离开房间，集中精力让自己平静下来或者寻求支持。急躁、恼怒的语气永远不会使孩子变得愿意合作。

······································

第三步：告诉孩子我们想让他做什么——清楚、简单、只说一次。

我们可能会说：

"翻开英语练习册。"

"把你的数学作业给我看看。"

"现在应该背诵课文了。"

给孩子清楚、简单、只说一次的指令，一旦清楚而简单地说出了指令，就不要重复了。重复实际上是在无意中向孩子传达这样的信息——第一次不需要听，甚至第四次都不需要听。不要为孩子找借口，说他们没有听到，毕竟我们是等他们看着我们时才说的。

如果我们已经完成了第一步和第二步，当我们要完成第三步时，大多数孩子在大多数时候都会按照我们的要求去做。父母用一种友好、坚定和尊重的方式说话，孩子通常会配合。我们越能约束自己对所有的"开始行为"（也包括做家庭作业之外的行为）使用"一言九鼎"策略，就会越快发现孩子会在第三步配合。如果遇到特别叛逆的孩子，我们还有三个步骤。

第四步：让孩子告诉我们他应该做什么。

这一步的目的是促成合作。为了让孩子用自己的话准确、清楚地重复指令，我们可以问："你现在需要做什么？""告诉我，你接下来要做什么？"

从本质上讲，第四步是一个小型的"问—答"过程。当孩子告诉我们他应该做什么时，他的大脑自动创造了一幅他正在做作业的清晰而生动的画面。有了这幅生动的心理画面，虽然一开始孩子有抵触情绪，但过渡到做作业时会更容易，也不会那么痛苦。而且，孩子用自己的话说出自己要做什么，会有自我督促作用，毕竟这是他自己说的。

有些孩子反应比较激烈，他们可能会说："我为什么要现在做作业？"我们要心平气和地说："你猜一猜，我为什么要你现在做作业？"有些父母会发现孩子在抱怨，此时不要责备他，当他平静下来，不再沮丧时，让他做一个动作回放。

如果第四步还没有促成合作，继续第五步。

第五步：站起来等待，不要争论，不要辩解，不要偏离主题。

不要重复，就站着等吧。这通常足以让孩子认真对待我们，促使他去做他应该做的事情。（父母千万要保持平静，虽然这很难，但是请加油呀！）因为等待是非常强大的，它表明我们说话算数。这也是为什么在紧急情况下不要使用这种方法——这一步需要时间。我们可以把花在等待上的时间看作一种投资，期望能收获合作的孩子、良好的亲子关系。

不用担心，我们花在等待上的时间并不会比提醒、重复、讲道理、唠叨、威胁以及生气上的时间更多。等待表明了我们的意图——我们所说的就是我们的要求。

万一还是很糟糕，请进入第六步。

第六步：父母站着等待，同时对任何朝着正确方向走的行为进行描述性表扬，并反映性倾听孩子的感受。

以下是一些可用的描述性表扬：

"你把笔捡起来了。"

"你把书从包里拿出来了。"

"你现在没哭。"

反映性倾听（后文有详细讨论）是指想象孩子可能的感受，如：

"也许你担心如果你犯了错我会生气。"

"我说现在该开始写作业了，你可能会很生气。"

"也许你不知道该写什么。"

描述性表扬和反映性倾听都有助于软化孩子的抗拒。如果父母愿意做这些，孩子便会配合。

\\\ 私房话 \\\ ••••••••••••••••••••••••••••••••

曾经有位母亲对我说："我的孩子很擅长分散我的注意力。她会说：'妈妈，我们明天去哪里看电影？'也就是用别的事情来分散我的注意力，我一不小心就被她带歪了。"很多父母都遇到过类似的情况，我给大家提供一个相对比较有效的回答。

先听孩子说完，等她停下后，父母可以说："你照我说的做了，我就很乐意跟你谈谈电影的事。"这样说的目的是让孩子意识到，他们无法动摇我们的决心，我们也不会被他们控制。

还有一种比较少见但非常棘手的情况是，孩子突然离开房间。在这种情况下，我们不要跟着他，否则掌控权又回到孩子那里去了。当然，我们也不要待在房间里，该干什么就干什么吧！同时练习冷静和坚定，等着孩子来搭讪。毕竟，孩子很清楚地知道自己做得不对，他们还是很在意父母的感受的。他们一定会来搭讪，没话找话。或者可能只是走近我们，在我们周围闲逛，等着我们注意他。这个时候千万不要心软，觉得孩子递了梯子，我们就应该下来。不，不要和孩子谈论任何其他事情，但要保持心平气和。我们可以说："你照我说的做了之后，我很愿意跟你讨论这个事情。"然后再从头开始六个步骤。孩子很快就会发现逃避没有任何好处，所以只要父母保持一致，随着时间的推移，孩子会越来越愿意合作。

反映性倾听：有效激励孩子去做正确的事情

现在我们来谈谈当孩子没有做我们想让他们做的事情时该怎么办。提到这个问题时，很多父母认为，这是需要让孩子承担其行为后果的时候，但事实上还有另一种更有效的策略，叫作"反映性倾听"。之所以称它为更有效的策略，是因为它比大多数"后果"能更有效地激励孩子去做正确的事情。

"反映"和"反应"一字之差，表达的意思截然不同。"映"的重点在于对方呈现的是什么；"应"的重点强调的是自己，指对方引发了自己的某种感受和内在改变。举个例子，春游时看到一处美好的风景，我们说："那个地方很美，有一条很清澈的小河，堤岸上种了很多桃树，开满了粉色的桃花，近水处的黄色迎春花也开了！"这是"反映"。如果说："那个地方很美，我觉得整个人都沉浸其中，心旷神怡。我想起了小时候在奶奶家……"这是"反应"。所以，反映性倾听也叫共情倾听，旨在感受对方（孩子）的感受以及产生这种感受的原因。孩子经常说的"你们不懂！"指的就是父母没能理解他们的感受，无论是快乐还是悲伤，父母都不懂。因此，他们常常关闭和父母沟通的大门。反映性倾听能够改善父母与孩子的沟通，使关系更密切，同时帮助父母与孩子共同分担不愉快的感受，缓解孩子的消极情绪，并在此基础上帮助孩子练习调节情绪和控制行为的技能。反映性倾听技术可以用于人际沟通，降低人际沟通的阻力。事实上，反映性倾听是一项心理咨询师必须掌握的技能。

　　孩子的不当行为很多时候都源于他们强烈的情绪，他们不知道用什么方式来表达愤怒、失望或担心。如孩子说："张老师从来都不点名让我回答问题！"孩子想表达的是失望的情绪，至于他说的是不是事实，这并不重要。如果我们就张老师有没有点名让他回答问题展开辩驳，没有任何意义。我们只需要说："你很希望张老师能够点名让你回答问题，是吗？"这个时候，孩子的情绪就有了出口，很可能会变得愿意沟通了。

　　最新的神经科学研究发现，当孩子处于激烈的情绪中，他们执掌情绪的脑区会非常活跃，同时由于他们执掌逻辑、监控等理性的大脑相对不发达（如前额叶，这是最晚成熟的脑区），被情绪控制的时候，理性大脑是无法发出声音的。情绪被承认的时候，才是给理性大脑留出活动空间的时候。反映性倾听可以帮助生气或焦虑的孩子缓解不舒服的情绪，当孩子感到被倾听和被理解时，他们开始放松，不再用激烈的、捣蛋的方式来让父母注意到自己。这也是为什么我们会说反映性倾听能激励孩子，并通过帮助他们把父母视为盟友而不是敌人来克服阻力。反映性倾听还能修复孩子受到伤害的自尊和自信。一旦孩子们觉得自己被倾听了，他们会自动地把注意力转向解决问题。随着时间的推移，反映性倾听教会了孩子用语言来表达自己的感受，而不是通过发脾气、抱怨等不当行为来表达。

反映性倾听有四个步骤。

第一步：父母有意识地把自己的感觉和愿望放在一边。

要做到这一点并不容易，因为孩子的感受和不当行为通常会引起父母强烈的情绪反应。父母和孩子一样，当情绪大脑在掌控局面时，理性大脑会躲起来，所以我们需要努力让自己冷静下来。我们可以提醒自己，孩子的不良行为或抗拒不是他有意为之。当我们承认不是孩子有意识地要犯错时，也许我们就不会那么沮丧、困惑或绝望了。对于已经养成了不良家庭作业习惯的孩子，他可能也不清楚自己为什么会作出不良行为。这种习惯的养成可能和他遇到了困难却没有妥善解决有关。我们不说孩子有"过错"，因为"过错"这一概念往往意味着故意作出的不法行为。值得强调的是，在这种情况下，没有人（包括孩子、父母、老师等）是错的，我们需要做的事情是找到孩子在学校成绩不佳的原因，理解他们的抱怨、不满以及哭泣。

第二步：停下我们手头正在做的事情，专心地倾听。

孩子可能会抱怨、争吵甚至哭泣。有时孩子沉默不语，但他的面部表情和肢体语言说明了很多问题：满脸怒容、沮丧、无精打采、忧虑地皱着眉头。我们可以这样回答："哦……嗯……我明白了。"这有助于孩子开始放松，感到安全。不要问"怎么了"，很多时候孩子的表达能力有限，他可能说不清楚自己怎么了，只能回答"我不知道"。这样的问题会让孩子感到尴尬。

第三步：想象孩子的感受并用语言反映出来，而不是试图说服他放弃自己的看法（因为那是他真实的看法）。

当孩子说"蠢死了"，他们可能在表达"这件事我没有办好，我自己非常不满意"。当孩子说"走开""别烦我"或"别管我"，可能意味着"如果你一直跟我说话，我恐怕会发脾气"，或者"我为自己一直犯错误而感到羞愧"。当孩子说"我讨厌数学"，真正的意思可能是"我不明白老师说什么，如果我问他，他就会生气"。

我们可以说："我看得出你很不高兴。当你更想玩的时候，很难静下心来做作业。""也许你觉得这道数学题太难了，你永远也理解不了。""一想到明天就要周考了，你还没有复习完，就会让你很烦躁。"

\\\ 私房话 \\\ ••••••••••••••••••••••••••••••

有些父母一听说反映性倾听是一项专业心理咨询师使用的技术就望而生畏，觉得自己肯定用不好。其实不然，日常生活中很多人都在用，这些人通常是我们所说的情商高的人，只不过他们不像专业人员那样用得更系统、更高效。实际上，在日常生活中使用这项技术不用那么复杂，只需要简单复述对方的感受。

第七章 执行规则并不难：善用策略

例如：

"妈妈，明天就是周一了，我的作文还没有写，数学题还剩10道。"说着说着，孩子哭了起来。这个孩子明显着急了。如果这个时候说："早就让你抓紧时间，抓紧时间，你就是不听，现在来不及了才知道哭，怪谁呀！哭什么哭，还不赶紧写作文！"这样的回答明显是火上浇油。孩子能够迅速平静并完成作业吗？当然不能。此时，反映性倾听可以帮助孩子迅速平复情绪，转向完成任务。我们可以这样说："你还有作文和10道数学题没有做完，心里很着急，是吗？我们来看看还有多长时间可用。"

这个技术使用起来并不难，但是需要练习。父母经常使用这项技术还会带来一个额外的好处：孩子可以在不知不觉中习得这项技能。他们能够掌握更多描述情绪的词汇，能够更准确地描述自己和他人的情绪，在潜移默化中很容易学会并掌握反映性倾听的技能，并应用到生活和工作中。

举个例子：办公室的同事被领导批评了，然后向你抱怨领导不公平。此时你说什么？同意他的说法吗？——还想不想升职了！跟他争辩领导没有不公平吗？——友谊的小船要翻了！好像怎么说都不对。怎么安慰同事又不冒犯领导呢？这个时候反映性倾听技能就可以大显神通了，你只需要说："你一定很难过。"

· ·

第四步：在幻想中满足孩子的愿望（可选择）。

这样做通常会让孩子心情愉快，同时也向他们表明我们的关心和理解。例如，你可以说：

"你可能希望在你的一生中再也不会有拼写考试了。"

"如果你有'马良的神笔'来帮你做作业就好了。"

"我真希望我能让时间飞逝，这样你就能在三秒钟内完成作业了。"

总而言之，当一个孩子出现不舒服的情绪时，他通常会通过不当行为表现出来：争吵、抱怨、浪费时间、拒绝、折断铅笔、气冲冲地走开等。当孩子不合作的时候，我们可以选择首先以反映性倾听来回应，而不是唠唠叨叨、争吵或大喊大叫，这些都会适得其反，对父母和孩子来说都是情感上的消耗。

正确奖励孩子

我们不能期望孩子简单地接受新规则或惯例，改变习惯是困难的。即使已经成年的我们完全相信一个新习惯会对我们有好处，如保持健康饮食或锻炼身体，但要真正养成这样的新习惯也非常不容易。更不用说孩子了，他们根本不会相信新的家庭作业规则会对他们有好处。另外，他们根本不愿意细细体会或重点关注那些在生活中让他们感觉不舒服或不成功的方面——他们恨不得忘记这些不如意。所以，每当有人提及这些方面，或促使他们面对这些让他们不舒服的事情，他们就会表现出烦躁、不安，本能地作出抗拒的行为。我们自己不也如此吗？父母需要一些有效的激励孩子的方法，来帮助他们面对自己的问题，建立新的家庭作业规则。

激励孩子的有效方法之一是小奖励。这种奖励简单、快速，不需要任何成本，如认可和欣赏。父母应该每天给孩子许多这样的小奖励，不仅因为孩子有出色的表现或好的作业习惯，而且因为孩子在正确的方向上迈出了一小步，即使结果仍然不是所希望的那样。最简单、最快、最有效的奖励就是我们对每一个微小进步的积极反应，如微笑、拥抱、拍拍肩膀、描述性表扬、竖起大拇指或者其他表示赞同的动作等。这些微小的奖励是非常激励人的，对非常抗拒的儿童和青少年也有用。

为了引导孩子养成"尽最大努力"的习惯，父母需要注意他们的每一次进步，一旦发现，就立即奖励他们，例如：

- 一问就告诉父母作业是什么。
- 在作业改进阶段父母指出错误时，不争论。
- 在较高质量地完成作业之前，不要求视屏时间。
- 比平时多花几分钟时间做作业，而不是去和猫玩。
- 给父母解释课本上的例子，而不是忽略它。
- 不说"这很无聊"。

请记住，在内心深处，孩子是想要取悦那些友好和承认他们的父母的。如果我们经常使用描述性表扬和微笑来奖励孩子朝着正确方向迈出的每一小步，他们很快就会越来越有动力去做正确的事情。

外部奖励也非常强大。当我们期望孩子专注于他们不感兴趣或觉得太难的事情时，给予奖励是有帮助的。奖励不能取代描述性表扬或规则，但能增加额外的动力，帮助孩子克服最初的阻力，使他们更容易养成好习惯。我们发现，当这种行为成为一种牢固的习惯时，就不需要一直奖励它了。

就做家庭作业而言，奖励的目的是激励孩子更好地集中注意力，写得更整齐，回答问题更用心，等等。我们追求的是进步，而不是完美。孩子需要表现出比以前更强的意愿，或者比以前做得更好来获得奖励。

小学阶段的孩子，尤其是那些比较敏感、反应强烈和冲动的孩子，经常会直接或间接地提出许多要求，如："妈妈，你帮我修一下好吗？""我可以再吃一块饼干吗？""你愿意和我一起玩吗？"

如果父母想对一个特定的请求作出"是"的回应，就可以把回答变成一种即时的奖励，这样对孩子很有帮助，可以强化家庭作业规则。父母可以说："好呀，我很乐意帮助你，因为你今天写字很认真，没有写错，而且都写在了田字格内。""好的，我很乐意坐下来花时间帮你解决这个问题，因为我对你在作业上的合作很满意。你认为吃饭前你做不完 10 道计算题，但你真的抓紧了时间，一点都没有分心，把 10 道题全做完了，而且还没有错误。"

我们也可以采用积分制，如每天按时保质完成任务奖励几颗星星，额外做得好奖励几颗星星，多少颗星星可以兑换相应的愿望，等等。

使用奖励的重要指导方针：

- 孩子得到的奖励不能被拿走。不管以后会因为孩子的不当行为而多么生气，我们都不能威胁孩子说要拿走奖励。否则，一个冲动、控制能力差的孩子很可能会因为失去他辛辛苦苦得到的奖励，从此放弃努力改进。
- 有些事情不能作为奖励，包括：本该由孩子承担的事情，却

第七章 执行规则并不难：善用策略

让父母帮忙做，如"今天妈妈帮我喂猫"；我们认为很重要，但孩子觉得不舒服的事情，如"今天不练琴"。

- 不要指望仅仅依靠奖励就能激励一个很不情愿、冲动或生气的孩子。奖励只是一种工具，它能让孩子更容易养成合作和自力更生的习惯，但不能代替描述性表扬和特别的时间，也不具备"问—答"、反映性倾听等策略的让问题最小化或预防问题出现的作用。

- 当孩子没有获得奖励时，我们一定要表现出失望，而不是生气或责备。我们可以说："哦，真遗憾。我真的希望今晚我们能……"要表达同情而不是幸灾乐祸或讥讽激将。这样做是为了表明父母和孩子是站在一边的，这比说"这要怪你自己，如果你不浪费时间，早点开始做作业，肯定能得到奖励……"要好得多。很多父母会忍不住抱怨和责怪孩子没有按预期完成任务，忍不住要表达自己的担心和焦虑，但这于事无补，只能增加对抗和不合作。毕竟，我们的核心目标是要帮助孩子做更多正确的事，一时得失都是获得"做正确的事情"的能力所要经历的过程。

- 除了孩子事先知道的奖励之外，偶尔给他们一些没有预料到的奖励可以激发更强的动力。这样做有助于他们以新的眼光看待自己，把自己看作一个能让父母高兴并给他们留下深刻印象的人，同时也塑造了父母慷慨的形象。随着时间的推移，孩子会吸收和模仿。我们可以说："你今天在没有任何提醒的情况下就开始做作业，并且几乎没有出错，还把明天要用的书本和其他东西都放进书包里了。奖励你今晚多用 10 分钟电脑。"

- 不要用食物作为奖励，切记切记！食物与爱和接纳联系太紧密，最好不要把食物和任何与赞成或反对有关的东西联系起来。

孩子合作是因为描述性表扬和奖励让他们感觉很好，如果我们始终如一地给予描述性表扬和奖励，合作就会成为一种习惯。最终，孩子们会选择做正确的事情，因为当他做正确的事情时，他们会自我感觉更好。

数字时代的新问题：管理视屏时间

每当提及管理孩子的视屏时间，很多父母都认为自己无法掌控，似乎已经形成习得性无助。事实不是这样的，如果我们下定决心，方法得当，是可以掌控孩子的视屏时间的。我给大家提供一套可操作的方法，我们试起来！

首先，我们要下定决心减少孩子待在屏幕前的时间，因为长时间待在屏幕前明显影响孩子的健康成长，会给他们的发育和发展带来非常消极的影响。例如：社交模式更适应网络交流而不是真实社交；更容易获得即时满足，更没有耐心；因有太多选择而不用专注；对危险和暴力的界限感更模糊；更沉默寡言，言辞匮乏；情绪智力发展不足；等等。

下面提供了一份简单的问卷，用于调查孩子是否在屏幕前花费了太多时间：

- 在屏幕前花费了太多时间。（几乎不 / 有时候 / 经常）
- 看不合适的节目或玩不合适的电子游戏。（几乎不 / 有时候 / 经常）

第七章 执行规则并不难：善用策略

- 抵制关掉手机、电脑、电视等电子产品。（几乎不 / 有时候 / 经常）
- 未经允许打开手机、电脑、电视等电子产品。（几乎不 / 有时候 / 经常）
- 更愿意待在屏幕前，而不是自己找乐子。（几乎不 / 有时候 / 经常）

如果有两个以上"经常"，说明孩子的视屏时间需要管控了。

对于孩子每天可以有多久的视屏时间以及减少视屏时间的益处，我们在第六章"引导孩子的闲暇时间"中已经谈过，此处不再赘述。

现在，我们来为管理视屏时间制订行动计划。

第一步，做好前期准备。

如果孩子真的迷上了电子产品，父母应该做好让规则成功的准备，如确保所有的遥控器和充电器都由父母掌控，甚至在必要的时候拆除电脑后面的充电线，在电脑上设置密码，或者取消网络连接。

第二步，明确控制视屏时间的规则。

父母建立统一战线，明确一个问题：我们家需要制订新的视屏规则吗？还是巩固现有的规则？

无论是哪种情况，重要的是，控制视屏时间的规则要清晰、简单、容易记住。在家里的几个地方张贴规则，如果规则神秘消失了，不要惊讶，也不用愤怒，继续张贴（规则从宣布到执行，我们通常建议给一周的缓冲期）。

以下是一些关于视屏时间规则的建议，可能对父母有借鉴作用：

- 只允许在特定的日子有视屏活动。对许多家庭来说，周一到周四是无视屏活动的日子，这样孩子晚上就可以集中精力做作业或者开展其他的家庭活动。有些家庭星期二和星期四允许有半小时的视屏时间。

- 视屏时间是必须赚取的。每天检查孩子的任务完成情况，包括作业、阅读以及家务等，父母满意后孩子才可以获得奖励，即把视屏时间作为每天小小成功的奖励。
- 要求孩子在打开手机、电脑、电视等电子产品前先征询意见。父母应该给自己定下规则，在作出肯定的答复前先说："好的，先把你完成的作业给我看。"或者说："好的，先核对任务清单。"
- 在家里玩的时候限制视屏时间。传统游戏不仅对儿童和青少年的身体和大脑更好，而且能提高他们的社交能力，在屏幕前待上一段时间却无法做到这一点。因此，如果有小朋友来家里玩，就不允许触碰手机、电脑、电视等电子产品。
- 短途旅行时不用手机、电脑、电视等电子产品打发时间。这一点的重要性在于，让孩子能够自娱自乐，而不是依赖视屏活动带来的刺激。
- 吃饭时不允许有视屏活动。
- 今天安静地关掉电子产品，就能赢得明天的视屏时间。特别是对于那些关掉电子产品有困难的孩子，可以制订这一规则。孩子为了赢得明天的视屏时间，就必须尽快关掉它。大多数孩子抵抗不了诱惑，他们几乎愿意做任何事来赢得时间。如果孩子知道没有其他方法可以接触相关电子产品，只需要一两天就会意识到，赢得明天的视屏时间的唯一方法是今天不抗拒合作。

第七章　执行规则并不难：善用策略

- 要求孩子进行足够的锻炼。大量的锻炼会抑制孩子对相关电子产品的依赖。孩子每天至少需要30分钟剧烈运动（要出汗），球类运动、跑步、武术、跳舞和游泳都是很好的运动形式。
- 让孩子明确知道视屏时间即将结束时会发生什么。如提前5分钟倒计时，这样孩子就有时间通过关卡。用计时器记录这5分钟的时间比不停地看表更友好，因为看表会让孩子觉得父母很不耐烦。当计时器响起，父母说一句"现在该关机了"之类的话，并要求孩子用言语（不能是咕哝）和行动来回应。考虑到孩子的反应速度，可以给他几秒钟的时间来配合。如果他这样做了，我们可以给予描述性表扬；如果他不关掉，父母立即采取行动，自己关掉，不要有任何警告或提醒（这一点很重要，说得越多越心虚）。

第三步，通过"问—答"引入新规则并使规则生效。

当我们改变关于视屏时间的规则时，孩子肯定会很不高兴，他们通常会测试我们的决心，看看这些规则能否执行下去。所以，通过每日"问—答"为成功作准备是非常重要的。

下面是一个示例，这个例子中的孩子非常抗拒"星期一到星期四没有视屏时间"这项新规则，两次独立的"问—答"才使她愿意回答父母的问题。

第一次"问—答"（选一个中立时间）：

父母：新规则是，从下个星期开始，星期一到星期四没有视屏时间。

孩子：（扮鬼脸）为什么呀！？

父母：（反映性倾听）我知道这不是我们的惯例。习惯新规则有的时候挺不容易的，特别是今天这一条。我知道你喜欢每天玩手机。

孩子：（大叫）我喜欢，它能让我开心！这不公平，你们也玩。

父母：（反映性倾听）你听起来很生气！

孩子：这是一条愚蠢的规定。

父母：（微笑，停顿了一下）即使你很生气，你也不应该大喊大叫。我们可以想一些其他的让你开心的活动，但不能接触手机。

孩子：我讨厌你们！你们总是制订新规则！我同学家都没有这条愚蠢的规则。

父母：你真的不喜欢这个新规则。一旦你准备好了，请告诉我新规则是什么。

孩子：我还没准备好！我永远不会准备好，因为这是我听过的最蠢的主意。

父母：我能听见。

第二次"问—答"（选一个中立时间）：

父母：你准备好告诉我新规则了吗？

孩子：嗯？你在说什么？

父母：（面带微笑，默默地等待）

孩子：哦。没，我还没准备好。

父母：（继续面带微笑，默默地等待）

孩子：周一到周四没有视屏时间，但我可以在车里用。

父母：我和爸爸开车接送你上下学的时候肯定不行，因为新规则是周一到周四没有视屏时间。

孩子：怎么能这样？我又不耽误什么。

父母：你还在生气，但你告诉我规则了。新规则什么时候开始？

第七章 执行规则并不难：善用策略

孩子：周一吗？

父母：嗯，你听见了，也记住了。

孩子：唉，哥哥也不能再玩电脑游戏！

父母：是呀。你的小脑袋还挺好用。

再次强调，我们需要在一个中立时间做"问一答"。一定不能在视屏时间之前，因为那个时候孩子的头脑已经被使用电子产品的想法劫持了，他们不会把全部注意力放在我们身上。在争吵或摊牌之后，孩子不会有听的心情。

第四步，做好家庭环境的准备。

把所有的电子产品从孩子的卧室里拿出来，包括让孩子晚上把手机放在卧室外面。如果孩子已经很沉迷于电子产品，我们就需要掌控所有电子产品以示我们的决心，除非他们已经获得了视屏时间奖励。

和孩子一起预先计划好看什么电视节目，使用什么 App，玩什么游戏，等等，给孩子足够的时间仔细选择，一旦选定就不要轻易让孩子改变选择。最好让孩子做一个图表，这样就可以避免将来因记忆偏差而发生争执。

父母还可以参与孩子的游戏（当然不占用他们的时间），如和孩子轮流玩游戏或与孩子组队。这样做的好处是，让孩子不至于沉溺于游戏，可以培养孩子的耐心，因为他们必须等待轮到他们玩的时间。参与孩子的游戏还可以增加家庭话题，讨论各自的策略，启发孩子的观察、归纳和思考能力。除此之外，父母和孩子相处的时间越多，孩子对电子产品的关注就会越少。

第五步，使用描述性表扬。

一旦孩子在关于视屏时间的新规则方面开始配合父母，父母就会发现孩子有很多可以给予描述性表扬的地方。如：

"你在我第一次提出要求的时候就关掉电视，我们合作愉快！"

"我喜欢你的责任心。你已经完成了作业，收拾好了桌子。嗯，现在你已经赢得了玩一个小时电脑游戏的奖励。"

"当计时器响时，你马上就把它关掉了。这需要很强的自控力！"

第六步，使用反映性倾听。

如果孩子对新的视屏时间规则感到不安，反映性倾听能帮助他们克服烦恼，更快地接受规则。如：

"你可能希望我们不要制订每天只能看一小时电视的新规则。"

"当你不得不中途退出游戏时，这真是太烦人了。"

"我们过去允许你看电视的时间更长，所以可能你现在感觉几乎没看电视。"

"听说有同学的视屏时间比你的长，你感到有点沮丧吧。"

"你可能希望不限制视屏时间。"

为了获得最佳效果，建议父母将描述性表扬和反映性倾听结合起来。如：

"我很高兴当我问你问题的时候，你能心平气和地回答我，尽管在玩电脑的时候被打扰是很烦人的。"

"今天你不得不错过自己最喜欢的节目，因为我们回家太晚了。我以为你会抱怨，但你没有！尽管你很失望，但你知道这不是任何人的错。你非常灵活。"

有一个注意事项是：当孩子待在屏幕前的时候，不要使用"一言九鼎"策略，因为他们可能太专注于眼前的事情而不会注意到你。

第七章 执行规则并不难：善用策略

重视后果：勇于并善于让孩子承担行为结果

此处所谓的后果指孩子作出不当行为之后所要承担的结果。当然，我们不能依靠后果来改善行为，因为后果并不会激励孩子表现优异。

前文介绍的技能都是用来预防或减少不当行为出现的，如描述性表扬和"问—答"可以教导和训练孩子哪些是正确的事情，以及如何去做正确的事情。孩子可能会被奖励激励。我们希望孩子们内化该做的事情，遵守规则。毕竟，我们希望孩子不当行为出现次数最小化，所以才需要把大部分的时间和注意力放在描述性表扬、反映性倾听、"问—答"以及环境管理上。要不然，我们可能整天都在处理许多不合作的小细节。

当我们做了所有的努力，减少了孩子不当行为的出现次数，此时再出现不当行为，孩子是需要承担后果的，无论这个后果有多小。

在做家庭作业的过程中，孩子要么配合，要么不配合。父母通常很容易忽视孩子的一些小小的不当行为、一点点对规则的扭曲，或者说话时语气的一点点不尊重。父母选择视而不见的理由很多，如：担心纠正孩子时引发更多的不当行为，耽误孩子完成作业；觉得只要孩子还在做作业，小小的不当行为似乎并不那么重要；有些不当行为似乎是小事，父母应该将精力放在处理重大不当行为上。

然而，如果想让孩子尊重我们，认真对待规则或惯例，我们就需要对所有不合作的情况作出一致和即时的反应，即让孩子承担不当行为的后果。这里所指的不仅是严重违反规则的不当行为，也包括轻微违反规则的不当行为；不仅指故意作出的不当行为，还有冲动行为、强迫行为和习惯性的不当行为；不仅指违反规则的不当行为，还包括曲解规则的不当行为。不要让孩子有机会找借口。

第一点，言行一致。

言行一致，指在孩子做了某件事之后，我们应执行规则。这一点非常重要，因为我们坚定地执行规则，孩子才会认真对待我们所说的话。"空头威胁"对孩子来说没有任何作用。要知道，如果孩子认为我们有可能不坚持，他们就会试探、测试我们。我们越是按照所说的去做，孩子投入测试的精力就越少。孩子很精明，他们不会做无用功，只会做有效的事情！

当然，言行一致不仅仅指犯错后执行规则，也包括奖励许多小小的好的行为。奖励是对我们想看到的行为的跟进，可以强化我们认为正确的价值观、技能和习惯。后果的目的是减少仍然存在的不当行为。

第二点，不发出"空头威胁"。

父母总是发出"空头威胁"而不愿意落实后果的原因有很多，比较常见的情况包括：

- 第一种情况是，父母往往会根据自己的情绪、当天的疲惫程度或对其他事情的不安程度，以一种相当随意的方式实施惩罚。遗憾的是，父母没有意识到，不一致的反应往往会导致和加剧孩子的不当行为。很多父母因此得出结论：落实后果对自己的孩子不起作用。
- 第二种情况是，父母认为真的落实后果会导致更多的抱怨、生闷气、哭闹、发脾气、拒绝和言语攻击。
- 第三种情况是，父母担心自己会给孩子留下严厉、专横和冷

第七章 执行规则并不难：善用策略

漠的印象，担心孩子的心灵受到伤害。（这个绝对是"原生家庭有罪论"和"毒鸡汤"的后遗症。）

事实上，言行不一致才是使规则无效的罪魁祸首。父母只要坚持、一致地执行规则，通常能够减少孩子不当行为的出现次数。

第二种情况通常出现在执行新规则的前两周，因为孩子要测试父母对待规则是否认真，能否做到言行一致，自己能否撼动规则，能否打开一条缝。所以，有时候，事情在变好之前确实会变得更糟，请多多坚持！加油！

第三种情况则是父母过分担心。事实上，不管父母出于什么原因选择忽略细微的不当行为，孩子都会逐渐失去对父母所说话语的尊重，从而导致越来越多的不合作行为。父母试图保持耐心，但最终还是会以责备、威胁和叫喊来回应。具有讽刺意味的是，父母不愿立即处理每一次不当行为，结果导致其言行更加消极和不友好，孩子往往会认为这是严厉的、专横的或冷漠的。言行不一致可能会滋生怨恨和焦虑，而言行一致会培养出更放松、更自信、更积极和表现更好的孩子。

当孩子违反规则的时候，父母的首要原则是：立即采取行动。行动意味着做，而不是说。所以，不要重复、提醒、哄骗、威胁、争论或讨价还价，所有这些反应只会拖延问题。

第三点，进行"行为重放"。

执行后果的目的是改善未来的行为。我所知道的最有用的执行后果的方法便是"行为重放"。它需要的时间不到一分钟，但非常有效。"行为重放"包括父母和孩子重放情境，但这一次孩子立即做正确的事情，没有任何不当行为或抗拒。无论不当行为是冲动的、强迫性的、习惯性的还是故意的,"行为重放"都特别有用,对孩子未来行为的影响要比责骂或说教有效得多。如果父母能够打出组合拳,在中立时间进行"问—答"和"行为重放",效果就更好了。操作示例如下:

父母说:"现在是做家庭作业的时间了。"孩子可能和父母争论或无视这句话,此时父母保持冷静和坚定,最终孩子顺从了。等他心情平静下来,没有心烦意乱时,父母可以对他说:"现在我们要进行'行为重放'了。我说:'现在是做家庭作业的时间了。'这次我们别争吵了。你要怎么做?"因为孩子现在很平静,他可能会回答"我要坐到书桌前",或者"我要把书拿出来",或者"我说好的"。这种交流就是一次微型"问—答",父母问了问题,孩子回答了问题。此时,我们能够肯定孩子知道恰当的回答。这个时候,父母和孩子都要表演出来。父母说:"现在是做家庭作业的时间了。"孩子说:"好吧。"然后走到书桌前。

\\\ 私房话 \\\

很多父母看到这里,可能会觉得好笑,觉得孩子肯定不会做的,他们会说这样傻不傻呀!有没有用先放到一边,但据我所知,觉得这样做很傻的恰恰是父母。要知道,不管是"问—答"还是"行为重放",我们都可以视之为一种仪式化的行为对话。它带有表演意味,其目的是更新孩子相关行为的内在脚本,用合作的脚本替代不合作的脚本,用恰当行为的脚本替代不恰当行为的脚本。

在孩子的任何（不管大小）错误行为发生后，都可以进行"行为重放"，让孩子练习做正确的事情，例如，礼貌地说话，做自己应该做的事，听指挥，不抱怨，等等。

最好的"行为重放"时间是在错误行为发生后，但得等大家都冷静下来。在谈论其他事情之前/在回答任何问题之前/在允许孩子做任何事情之前/在我们为孩子做任何事情之前，进行"行为重放"。

"行为重放"后，事情以孩子行为得体告终，把往事一笔勾销。孩子的长期记忆中储存的是最后发生的事情：他做了正确的事，父母对他很满意。"行为重放"总是以积极的方式结束！

在让孩子进行"行为重放"之前，我们需要等他冷静下来。一般来说，这只需要几分钟，但刚开始建立"行为重放"规则时，需要的时间因孩子而异，有些脾气特别大的孩子可能需要冷静数小时。在极少数情况下，孩子会继续生气或干脆拒绝"行为重放"，或不进行正确的"行为重放"。这个时候父母不能发火，也不用劝说孩子，只需要平静地说："我看得出来，你还没准备好'行为重放'，过几分钟我再问你一次。"不能激发孩子进行正确"行为重放"的原因可能是，在此期间没有好玩或有趣的事情发生，甚至没有简短的对话。当然，描述性表扬和反映性倾听总是恰当的。

第四点：拿走作业。

当孩子坐在书桌前，不好好写或根本不写作业，一个有效的办法就是把他的书、作业本、文具盒和其他东西都拿走。

父母可能认为孩子会感到高兴，把父母的行为理解为让他摆脱困境，不用做作业了。很有意思的是，事实正好相反。当孩子面前的书桌突然空了的时候，他很快就会意识到，不再有一个灰色地带可以让他假装自己在做作业。

重点是——这不是威胁！要实际执行。父母应该尽早作好准备，先用几句话解释新规则，但一定不要说教或长篇大论！然后让孩子确切地告诉自己，如果父母判断他在做作业过程中浪费时间，接下来会发生什么（"问—答"）。如果再次浪费时间，立即采取行动。

当孩子答应遵守父母的指示认真做作业时，不要快速归还作业，而要等待，直到父母能从他的语气、面部表情甚至姿势中听到和看到，他已经作好全力以赴的准备。此时可以再做一次"问—答"，让孩子确切地说出他要做什么和怎么做。当然，这可能需要比较长的时间！

固执的孩子在准备好合作和做家庭作业之前会浪费很多时间，这个时候，父母不能妥协，最重要的是要保持积极，保持冷静，不责备，这样，孩子会很快吸取教训。如果父母生气甚至大发雷霆，孩子也会生气，不再有动力去做他们清楚且应该做的事情。

第五点，没有回报的一天。

在奖励方面，一个非常有效的办法就是让孩子在那一天没有得到奖励。

例如，孩子如果在规定的时间内完成家庭作业，晚上就可以赚取一个小时的视屏时间。如果他浪费时间，没有完成家庭作业，便无法赢得当晚的视屏时间。对孩子来说，这并不等同于剥夺他看电视或玩电脑的权利。有了这种新方法，他就不能想当然地认为他每天晚上都能看电视或玩电脑，而是必须每天去赚取视屏时间。

这一章中描述的工具并不是魔法棒，但是随着时间的推移，这些更平静、更容易、更快乐的育儿策略将帮助孩子提高合作度和自信心，使孩子更加自立和体贴。

第七章 执行规则并不难：善用策略

故障排除清单

下面提供一张"故障排除清单"，方便父母在遇到孩子写作业问题或其他问题时使用。父母可能会发现，所有策略中"为成功作准备"排在首位。"为成功作准备"和"描述性表扬"这两种策略是密不可分的。父母需要通过预先练习来提高自己的技能。当父母使用"为成功作准备"的策略帮助孩子在第一次时就把事情做对，之后孩子的行为就会越来越值得父母作出"描述性表扬"。当父母真正欣赏孩子，他们作出恰当行为的概率会更高。在这种良性循环中，父母越鼓励孩子做正确的事情，他们就越可能成为更好的自己。

第一，为成功作准备。

是否建立了统一战线并与所有参与其中的成年人就规则或惯例达成一致？

需要做哪些"问一答"？

是否需要建立一些新的规则或惯例？或者已经有了一项有用的规则，但没有坚持下去？

如何为环境作准备？或者准备好了有利于孩子做正确事情的环境吗？

安排什么能让孩子更容易做正确的事情？

怎样才能脚踏实地地计划孩子的一天？

怎样才能和孩子有更多的相处时间？有什么可以帮助父母做到这一点？

如果有两个孩子，父母有特意安排针对每个孩子的特别时间吗？

第二，父母可以描述性地表扬什么？

父母要描述性地表扬自己希望看到的每一个微小进步。

何时表扬？表扬时可以使用哪些短语？

第三，利用反映性倾听来更有建设性地应对孩子的不安。

孩子可能会有哪些不舒服的情绪？

第四，记得使用"一言九鼎"策略，不要重复和提醒。

第五，奖励和承担后果。

奖励能帮助孩子降低对新规则的抵触吗？

"行为重放"能以积极的方式结束不当行为吗？

不管父母想克服什么困难，先检查一下清单上的问题，把这些策略付诸实践！当父母以积极的、有建设性的方式与孩子交流时，孩子会作出回应，父母就能阻止或解决大多数行为问题。

第八章

常见作业问题的解决方案

问题一：很努力地做作业，却还是做不完

当孩子发现自己怎么努力都达不到期望时，他们可能会以某种方式抵抗，以避免沮丧、尴尬或感觉自己像个失败者。这些方式包括耗时间、假装不在乎、通过游戏逃避等。此时，父母应该和孩子谈谈，问他到底出了什么问题。具体做法如下：

- 反映性倾听孩子的感受。
- 利用"问—答"帮助孩子重读课堂笔记或课本，尝试理解概念，寻找解决问题的思路。
- 和老师沟通，了解孩子在学校的学习情况，尤其是听课是否专心。
- 了解当孩子发现自己没有跟上进度时，是如何努力解决问题的。孩子在遇到困难时，是否第一时间就放弃了。

父母一定不要做如下事情：

- 不要替孩子思考，不要为孩子做任何他应该做的事情——这会掩盖问题。
- 不要简单地要求孩子少做一些作业。这并不能真正解决问题，也不能帮助孩子掌握某些他需要掌握的技能。

父母要做的是，弄清楚孩子的问题出在哪里，引导孩子寻找解决问题的方法。简单地决定简化作业，只能让孩子收获一时的成功，没有长远的好处。要知道，我们培养孩子的终极目标是让孩子做正确的事情。

第八章 常见作业问题的解决方案

作业对孩子来说实在太难了

对于这类孩子,父母的反映性倾听能够缓解他们的不适情绪,让他们知道父母理解自己的感受。在此基础上,孩子才可能愿意心平气和地和父母一起寻找解决方案。

父母能够尝试的帮助孩子学习的方法包括:

其一,利用"问—答"帮助孩子复习,促进知识的融会贯通。可能这一步就能够帮助某些孩子解决作业太困难的问题。

其二,对于有些孩子,他们的困难是上课根本跟不上老师的节奏。这类孩子需要更专业的帮助,学习辅导专家通常有更好、更具体的指导孩子提高听课质量的方法,如降低分心的频率,帮助孩子提高情绪调节能力,而不是一遇到困难就回避。

其三,如果孩子的学习困难非常明显地指向某些领域,如阅读理解有困难,每个字都认识,但是完全不能理解文字表达的意思,就需要进行专项训练。这类问题非常隐蔽,因为孩子能读出来,父母很自然地认为孩子肯定能理解这些文字的意思,其实不然。这种时候,父母可以要求孩子用自己的话把他理解的意思说出来。如果孩子做不到或者感到很困难,那么孩子很可能存在某种程度的学习障碍,需要寻求专业的帮助。学习辅导专家能够提供具体指导。

有些孩子虽然有阅读理解方面的困难,但仅限于视觉信息加工困难,他们的听力理解良好。在这种情况下,父母可以通过大声朗读作业说明或课本上的文章来帮助孩子完成作业。具体做法是:父母带着夸张的表情慢慢地大声朗读每个句子,并要求孩子用手指着跟读,然后父母慢慢地指向每个字词，让孩子自己正确地重读每一个句子。一开始，孩子可能只是鹦鹉学舌，不能真正地解读句子，但这种方法有几个作用：同时看和听到字词能很快提高孩子的阅读能力；孩子扮演着读者的角色，这会增强他的信心和动力；孩子自己积极参与，而不是等着父母来解释。这种做法不仅是一种对于阅读困难的评估和判断方法，同时也是训练方法。

无论孩子属于哪种情况，找到解决方法后就要让孩子多多练习，即使进步很小，父母也要积极地给予描述性表扬。

另外，不要让孩子在作业中留下任何空白。即使孩子不确定他的答案是否正确，也要鼓励孩子猜测并写下来。因为只有这样，老师才能判断出孩子哪块知识掌握得不够好。

\\\ 私房话 \\\

我特别反对一定要让孩子的家庭作业全对的做法。因为布置家庭作业的目的之一就是要弄清楚孩子是否真正地学会了。如果孩子的家庭作业每次都全对，老师如何能发现孩子的学习问题？

有些父母觉得孩子的家庭作业没有全对就表明自己没有全身心投入孩子的学习大业，害怕老师或其他父母认为自己没有尽到责任。也有些父母将自己的人生价值全部转移到孩子身上，格外看重成绩，其实大可不必。其一，发现学生的作业问题本身就是老师的工作职责之一；其二，父母也有自己的人生，也需要享受生活；其三，父母将自己的人生理想全部转移到孩子身上，对孩子是不公平的。再说，父母也无法准确预测未来社会会如何发展，不能确定自己的想法一定适应未来社会。

我信奉：每个人对自己的人生负责！

• •

还有，不要逼着孩子去找老师帮忙。一方面，孩子可能会不好意思；另一方面，他们可能会认为老师也不一定能解决问题。父母可以和老师沟通，让老师知道孩子什么时候遇到了什么问题，以及自己是如何解决的。例如，如果父母发现大声朗读作业说明给孩子听对孩子有帮助，那么也需要让老师知道这一点。父母寻求了专业人士的帮助，也要告诉老师。这样做，一方面希望可以得到老师的配合，另一方面可以让老师适当调整他们对孩子的期望。

不管怎么说，并不是每个孩子都能立即跟上节奏——学习需要实践和鼓励。父母要做孩子的坚定拥护者，尽可能了解孩子出现学业或行为问题的原因，努力寻求对家庭和学校有用的策略，然后和老师分享所学（当然，不要直接要求老师如何做）。

孩子没有取得好成绩的动力

有的父母说："我的孩子特别佛系！考八九十分没见他有多高兴，考五六十分也没见他有多悲伤。没见他为什么目标而努力过，但也没有什么心理问题。还是挺开朗的孩子。"但父母通常希望自己的孩子有激情，有梦想，有目标，不要小小年纪就无欲无求。

针对这类孩子，我们该怎么办呢？

首先，不究其原因。"爷爷奶奶带的。""是不是从小没有满足他？"……打住！没必要探究原因，找出孩子真正的动力才是重点。

其次，找到孩子喜欢做的有趣的事情。

最后，为孩子量身定制一个现实的目标和相应的奖励。只要孩子达到目标，就要信守承诺，立即奖励他。不要拖延！所有人都喜欢尽快得到回报（这也是电子游戏如此吸引人的原因），否则奖励承诺就会失去它的积极影响。

对于有些孩子，我们可能需要细分步骤，对他们的点滴进步都要给予描述性表扬和小奖励。如果孩子答对了一半的数学题，可以给予描述性表扬和部分物质奖励；当孩子答对另一半时，就可以得到剩下的。

总而言之，重点是要找出最有效的奖励，然后信守承诺，坚决执行。

问题二：做作业时经常求助

有两种情况可能导致孩子做作业时寻求帮助：

其一，孩子希望父母能够解释如何做某事（孩子不知道如何着手处理这类事情）。

其二，孩子希望父母告诉自己答案。这有可能是因为父母曾经为孩子做了太多的事情，让孩子形成了依赖心理。

无论哪种情况，当我们想要帮助孩子的时候，有如下可行的做法：
- 使用"问一答"技术，问一些引导性的问题，但不要直接告诉孩子答案。只有当孩子的大脑在思考时，他才会学习。

- 使用图表等工具，因为以孩子的认知水平，他们更能理解具体的东西，而不是抽象的描述。
- 多举些例子，让孩子看到它们的共同点，帮助孩子理解问题。
- 反映性倾听孩子的情绪，如失落、迷茫、烦躁等。
- 只要孩子在独立思考，就要多多表扬（描述性表扬）。

问题三：总是想逃避做作业

这类孩子根据过去的经验判断，如果他们坚持抵抗，父母通常会让步，那么他们就可以少学习，多玩耍。

解决方案如下：

- 反映性倾听孩子的焦虑、缺乏自信或愤恨。
- 制订新规则，并通过多次"问—答"来为未来成功作好准备。第一阶段，父母通过问问题来帮助孩子记住所有他需要知道的东西；第二阶段，孩子需要自己完成所有的家庭作业。在此过程中，要确保孩子知道，如果他们犯了错误，父母不会生气。"问—答"可以短时、多次进行，如在吃早餐的时候，在去学校的路上，在放学回家的路上，各花一分钟时间做个新规则的"问—答"。
- 不要简化家庭作业或替孩子做一部分家庭作业，甚至不要读作业说明给他们听。因为对于这一类孩子，这样做会给他们一个"父母认为他们没有能力"的信号。
- 不要让孩子在作业数量上打折扣。
- 当父母坚持让孩子执行规则的时候，要保持积极、友好的心态。
- 给予很多描述性表扬，尤其当孩子表现得心甘情愿、勇敢和坚持的时候。

问题四：不愿意写下来，总说身体不舒服

这类孩子通常能够理解作业，并有能力给出非常合理的口头回答，但他们总是试图避免写下来。因为他们发现写下来非常耗时，而且大家（包括孩子自己）都认为他们的字写得非常难看。他们经常会在做家庭作业时抱怨这儿疼那儿疼，浑身难受。

比较有效的解决方案是：
- 承认有些孩子写字很吃力，缓解他们在情绪上的不适感。
- 反映性倾听孩子对写字、学业、家庭作业、老师、自身能力等方面的感受。
- 加强孩子的书写练习，包括加强肌肉力量，改善书写姿势，明确笔画顺序，等等。（如有必要，可寻求书法教师的帮助。）

问题五：不肯尽力，敷衍了事

父母看到孩子在做作业的过程中敷衍了事就会很烦恼，总希望孩子能尽最大努力做到最好。孩子之所以会这样，通常是因为他们对细节的注意力不够。因此，解决方案是提高孩子对细节的注意力，包括要求准确性和完整性。

几乎可以想象，孩子会抱怨：

第八章 常见作业问题的解决方案

只要答案是对的就行,老师又不在乎是不是整洁。

我没时间写那么多。

你认为我必须完美,我可不这么想。

你又不是我的老师。

有时候,抱怨会以问题的形式出现,最常见的有:"为什么我必须这么做?""这有什么关系?"孩子并不是真的想要这些问题的答案。记住,不要和孩子争论。为了让孩子努力达到父母的标准,父母应该:

- 反映性倾听他们的感受。
- 做"问—答"。每天都可以通过"问—答"来关注孩子的动态,以此迅速提高孩子的作业质量。
- 培养孩子好的作业习惯。对所有大作业都要留出充足时间,让孩子有时间精心修改,如此,最终的成品将会让孩子为自己的表现感到自豪。
- 描述性表扬所有在意愿和实际学习上取得的进步。

第九章

有效的学习技巧

记住，父母应该根据实际情况来判断孩子是否需要练习某项技能，而不是被孩子的抱怨左右。

改善书写

"书，如也。如其学，如其才，如其志，总之曰：如其人而已。"

——刘熙载（清代学者）

所谓"字如其人"，人们经常会根据一个人写的字对他作出判断。许多父母和老师认为潦草的书写几乎是一种缺陷。在过去，字写不好的人轻则羞于书写，重则自尊心受挫。而今，很多人选择用打字来代替书写，这也是为了尽量避免因字写得不好而带来的尴尬。当然，也有人因为一手好字而倍感自信。

那么，要写出一手好字需要什么条件呢？无他，但手熟尔。说白了就是多练习。

\\\ 私房话 \\\ ••••••••••••••••••••••••••••••••

我曾经为一名六年级学生做过学习辅导咨询。当时，他跟我说："老师，我只要会读会写就好，字不好看又不影响什么。"

我说："第一，影响看你的字的老师的心情，在可给分和可不给分的情况下，可能就不给分了；第二，你刚才给我举例写下的分数运算，我就没有看清楚你写了什么，扣分没商量；第

第九章 有效的学习技巧

三,你也会看错自己写的东西,你承认吧?第四,假如你的字写得很好看,你会不会更愿意写出来让大家看呢?你记得第一次来我这儿,我让你示范你是如何做笔记时,你第一句话说了什么吗?"

他摸了摸头,不好意思地笑着说:"我当时说:'老师,我的字有点难看!'"

我说:"你看,还没有写字之前,你已经底气不足了。本来你可以全心全意地表现,可是由于字写得不好看,你要分出一点心思来揣测老师会不会因为你的字而对你有什么不好的看法。这样会不会影响你的发挥?"

他有点羞涩地点了点头,但没有说话。

我说:"假如咱们生活在武侠世界,要练武功,扎马步总是最基础的。你不能说我会招式就好了,一脚踢过去,结果把自己给放倒了,这不行。对于今天的人来说,练字大概就像扎马步。"

他说:"老师,扎马步多容易,我宁愿扎马步也不想练字。我要是生活在武侠世界就好了。"

我说:"那边有空位置,你去扎3分钟马步吧。不难为你,就3分钟,我给你计时,一会儿铃声响起你再过来。"

于是,他就去扎马步了,结果可想而知。事后他跟我说:"老师,真的没有什么是容易的。"

我说:"练字,需要眼到、手到、心到。我们之所以说'字如其人',是因为要练出一手好字,最起码需要有足够的耐心,这体现了一个人的坚韧性;能够克服手酸腰酸,这体现了一个人的毅力；能够克服烦躁和无聊，这体现了一个人的情绪调节能力；字写得好要讲布局和骨架，这体现了一个人的规划和组织能力；如果是大字书法，讲究一气呵成，还能够体现一个人的专注力。你说，人们用字去判断一个人有没有道理？"

他说："有道理！可是我练过，好累，还没有什么用，不信你问我妈！"

妈妈点了点头，说："不知道怎么回事，他怎么练，字都那么难看。"

我说："嗯，那是方法不对！"

· ·

书写问题影响做作业的过程与质量

字写得不好的孩子经常会有很强的羞耻感，即使他们表面上似乎能一笑置之。他们通常会匆忙地完成作业，尤其是作文之类的需要大量书写的作业，似乎这样就可以快点结束这种不愉快的体验。最终，他们的作业也完成得很糟糕。

孩子可能会抗拒写字，有时甚至会哭、发脾气、逃跑、隐藏作业、撒谎。或者，他们比较愉快地开始做作业，然后写着写着逐渐变得越来越沮丧和急躁，很可能在作业还没有完成之前就想放弃。作文被认为是最难的作业，往往放在最后。没完成作业可能会导致孩子在学业上逐渐落后，这又进一步增加了他们的学业压力。对于这类孩子，做家庭作业花的时间太长了。他们可能会经历真正的身体疼痛或不适，因而无法集中注意力，很容易精疲力竭，最终影响学业质量。除此之外，由于写字慢，做作业的时间长，孩子用来平复情绪的空闲时间相对不足。

要想写出正确又好看的字，需要孩子将注意力集中于笔画和字形、恰当的间隔和位置等。如果孩子没有熟练掌握这些技能，使得提笔写字自动化，他们可能就无法腾出更多时间和精力用于思考，就有可能犯一些经常被认为是粗心的错误。

有时候父母和老师要求孩子练字，可是孩子拒绝或敷衍，认为写的字只要能认出来就好，这类孩子通常给人"很容易满足""不求上进"的印象。但这根本就不是孩子真正的想法，其实他们对自己非常不满意，但又无法排解，就试图尽快把字写完。这很可能导致孩子的写作风格不成熟，内容也不连贯。父母通常感到疑惑，明明孩子说得挺好，条理清晰，句子通顺，一旦让他写下来就不像样子了，其核心原因就是写字对孩子来说是困难的。

\\\ **私房话** \\\ ●

字写得不好除了对学业本身的消极影响外，还有一个在我看来更加严重的后果：由于字写得不好会引发不好的感受，孩子自然希望能够改正，但每一次尝试练字都不了了之，于是形成一个很消极的主观感受——"我就这样了，我没有办法写得更好！"孩子会很痛苦，但又无法向他人诉说，或者说了也不被理解。父母和老师只是一味要求孩子认真，勤练加苦练，甚至认为孩子懒惰。也许孩子曾经也暗暗下定决心，勤练苦练，但都没有达到预期的效果。经历过多次失败后，孩子只好假装不在乎，以保护自己脆弱的自尊心。这种伪装久而久之可能就变成了内在脚本，而这种内在脚本很容易泛化到其他领域。

同时，孩子在练习的过程中没有学会如何克服焦躁、不耐烦的情绪，反而习得了"回避"这种让自己逃避不爽的方法。久而久之，他们会越来越没有耐心，越来越不能扛住压力，形成"不能经事儿"的性格特征。当然，完成作业本身也能够锻炼在压力下工作的能力，所以我们可以发现那些真正学业表现良好的孩子，字一般写得也不差。

父母可以对照自身想一想，那些我们想做、努力过却没有做到的事被人提起时，我们是否也会感到烦躁和恼怒？相信在阅读本书的父母中，一定有人深恨自己的书写拿不出手，也一定有人对自己的书写很有信心。想一想一个书写特别好的人和一个书写不好的人在动笔写字时的表情和心情吧！孩子只会比成人的感受更加强烈！

••••••••••••••••••••••••••••••••••••••

当然，孩子的书写不好可能有身体发育方面的原因，如果没有解决这个问题，很难帮助孩子练好书写。

书写差的原因

字迹潦草的孩子通常被认为是懒惰的。父母和老师可能认为，这些孩子只是懒得慢下来写字，懒得练习。而这种看法可能会影响孩子

第九章 有效的学习技巧

练字的热情和信心，于是他们对练字作业敷衍了事，其他作业也匆忙完成，似乎对作业质量毫不关心。其实，这种看似懒惰的行为是恶性循环的一部分。字写得乱七八糟的孩子在学习写字之初就遇到了真正的困难。

字写得不好通常是空间意识和精细运动控制方面出了些问题，其中包括手眼协调。这可能只是因为没有发育成熟，也可能源自真正的缺陷（通常是遗传的）。

空间意识是指大脑如何感知空间中的物体，特别是它们的位置和大小，有时也包括形状。提高空间意识能迅速提高书写能力。

精细运动控制指的是大脑如何向身体中的小肌肉发送和接收信息。相应地，大肌肉控制是指大脑如何向大肌肉发送和接收信息。大肌肉分布在我们的手臂、腿和躯干上，而小肌肉分布在我们的手、脚、脖子、脸和括约肌上。一个孩子有可能拥有一般甚至优秀的大肌肉运动技能，但没有很好的小肌肉运动技能。

成熟的精细运动控制能力对许多重要的任务来说都是必要的，如写作、绘画、做手工等。除了书写问题，与同龄人相比，精细运动控制能力相对较差的孩子可能还会有吃东西弄得到处都是的问题。他们很可能幼年时就喜欢用手抓饭，因为对他们来说用勺子或用筷子很困难。（顺便说一下，使用筷子可以很好地锻炼手的精细运动控制能力。）他们也可能会抗拒自己穿衣服或穿鞋子，表面上看似乎是懒惰或不肯合作，真正的原因可能是扣扣子、拉拉链和系鞋带等对他们来说是一个挑战。他们也通常不喜欢画画，不喜欢做拼图，等等。

如果孩子书写确实有问题，有时父母需要考虑孩子可能患有书写障碍。患有书写障碍的孩子仅在书写方面遇到较大困难，其他方面和同龄孩子没有明显差异。有些患儿的父母或其他亲密的家庭成员也有书写困难的迹象。如果问题特别严重，孩子可能会被诊断为运动障碍，这是一种影响协调能力的神经障碍。书写困难在某种程度上是需要特殊教育的孩子的特征，特别是患有运动障碍、多动症或自闭症谱系障碍的孩子，可能并发阅读障碍。

如果父母怀疑孩子患有书写障碍，一种比较好的解决方案是带孩子去寻求专业评估和治疗。专业人士通常能够找出问题的原因，并提供有效的练习建议，有针对性的练习能迅速提高孩子的书写能力。

\\\ 私房话 \\\

有些父母意识到孩子有书写困难，却选择什么都不做，只是希望他长大后能摆脱这个问题。孩子的精细运动控制能力虽然会随着时间的推移而提高，但会比预期的慢得多。与此同时，孩子也会慢慢养成一些坏习惯。

精细运动控制能力是可以提高的，而且只需要少量日常练习就能见效。对孩子来说，只需要比平时稍微集中一点注意力就能完成。

提高硬笔书写能力

孩子写字潦草，很多父母都会批评和责备，甚至罚抄，要求孩子重做作业，希望如此便能让孩子注意书写工整。很遗憾，这样做几乎不起作用，而且会引起孩子的不满。

我们的目的是提高孩子的书写能力，那么首先应该教孩子如何正确地书写，然后训练他们，让他们养成正确书写的习惯。

第一步：书写环境准备。

需要用到的物品：田字格本、好用的铅笔（力量掌握不好的孩子不要用太细的笔）、橡皮。

合适的桌椅（光线）：孩子的脚应该是平放在地板上的。这样他们的整个身体能够保持稳定，背部可以保持笔直的状态。当孩子的脚悬在空中时，他们的姿势往往不正确，除了影响写字之外，身体也很容易疲乏。

第二步：学习正确的握笔姿势。

"三脚架式握笔法"就是正确的握笔姿势之一。这个姿势看似平淡无奇，却是最省力、最能提高书写速度的握笔方法。它有几个要点：

- 食指、拇指轻轻对碰或者稍微分开一点点（一定不能对叠）。
- 无名指和小拇指轻轻向掌心蜷曲（空心，不可以与掌心贴上）。
- 笔杆斜搭在食指的根部，在虎口的上部（非底部）。
- 手指捏住距笔尖大约一寸的位置（不能太低或太高）。
- 食指第一指节应该是放松的（不能用力，即不能下压）。

这种握笔姿势的食指和拇指形成类似于三脚架的形状，而中指就像架子一样，负责把笔架住其上。同时，不与笔接触的无名指和小拇指就像三脚架的腿一样，起到支撑作用，帮助笔稳稳地"架在"上面，如此就可以更加灵活地运用手指，而不是手臂、手腕甚至肩膀来控笔，所以被形象地称为"三脚架式握笔法"。网络上有很多正确握笔姿势图片，大家可以去看一下。

先让孩子练习正确的握笔姿势很重要，所谓"工欲善其事，必先利其器"，写字也是如此，正确的握笔姿势就是写字的"利器"。孩子通常会用自认为最舒服的姿势写字，但由于孩子身体发育和肌肉力量不足，这些姿势通常不是最正确的。最正确的姿势显然会让孩子不舒服，他们自然会反抗，或者习惯性地调整为自己认为最舒服的姿势。训练正确握笔姿势的过程需要得到父母的密切关注和鼓励，原因在于：习惯的力量很强大，孩子已经形成了自己的应力①系统（此处指握笔姿势以及相关的力量使用方式），使用这个应力系统会在短期内用力最小，感觉很舒适，不需要格外注意和努力。形成新的应力系统需要格外注意和努力，同时需要锻炼相关的肌肉。其结果就是短期内孩子感到很不舒服，如高度注意容易导致精神疲乏；让较弱的肌肉锻炼出较强的力量的过程会导致肌肉酸痛。要让新的应力系统替代旧的应力系统需要频繁练习。这个过程很无聊，身体也会累。另外，写字除了握笔姿势很重要外，坐姿是否端正、头与纸张之间的距离远近也很重要。写字时身体其他部位要放松，尤其不要使用肩膀和手臂的力量。始终做到坐姿端正是很不容易的，原因与握笔姿势一样——孩子的肌肉力量不足，端正坐着的时间一长就会到处酸痛，所以做作业时容易东倒西歪。父母仅仅说"坐好了！""抬起头！"是没有意义的，需要补充肌肉力量练习和应力系统练习。

孩子通常都是即时满足的，他们会感到困惑："我能很舒服地写

---

① 应力是一个物理学概念，指物体由于外因（受力、湿度、温度场变化等）而变形时，在物体内各部分之间产生相互作用的内力，以抵抗这种外因的作用，并试图使物体从变形后的位置恢复到变形前的位置。

第九章 有效的学习技巧

字,妈妈为什么要多此一举?""我这样握笔能很顺利地写字,为什么要改变?"为了让孩子练习正确的握笔姿势,父母需要付出努力。

首先,学习前做好有关正确握笔姿势的"问—答"。这些问题孩子可能不会回答,父母可以先自问自答,然后要求孩子回答——再次"问—答"。以下是"问—答"示例:

"为什么要练习正确的握笔姿势?"

对于低年级的孩子,尤其是初学写字的孩子,回答可以霸道点,让孩子默认这种握笔姿势是正确的,是必须学会的。不必多讲道理,因为讲了他们也不一定懂,还容易让他们不专注。

——"你需要学习正确的握笔姿势。"

——"因为这个姿势是正确的。"

对于年龄大一点且已经习惯不好的写字姿势的孩子,可以根据他们的理解程度酌情讲其中的道理。

——"为了可以长时间写字不累。"

——"因为这种握笔姿势经过练习可以将字写得很漂亮。"

——"因为这种握笔姿势很方便连笔,将来可以提高写字速度。"

——"因为这种握笔姿势可以有效预防因身体姿势不对导致的近视。"

其次,时刻准备作出反映性倾听和描述性表扬,表扬孩子纠正姿势的努力,对他们的"苦难"表示同情,如"你的手和腰一定很酸吧!一会儿练完了,妈妈给你按摩"。当然,也要表扬他们写得不错的字。一般来说,孩子越早发现自己可以把字写好,他们就越有动力继续努力。父母还记得小时候看到老师给自己写的字画红圈时的感觉吗?

> \\\ 私房话 \\\
>
> 根据我的经验,可以让孩子对着镜子看自己的握笔姿势。这样孩子可以对照图片观察自己的姿势,比父母在旁边不断说"高一点""低一点"要好得多。

第三步:十分钟书写练习。

每天的家庭作业可以从简短的书写练习开始——不超过十分钟。练字的时候不仅要姿势正确,还要不写错,要把正确的书写方式储存在孩子的长期记忆中。建议孩子先描红或使用凹槽字帖练习,这主要是为了培养运笔习惯。运笔是一种运动技能,形成的记忆是一种程序性记忆——肌肉运动的记忆,只要练习到位就能够达到自动化水平,然后逐渐过渡到临摹和独立书写。

当然,在书写练习之前我们也可以做"问一答",如:"左短右长结构的字应该怎样安排位置?"父母可以事先查询相关知识,和孩子分享,完成"问一答"。

随后可以让孩子短暂休息,活动活动身体,但在这十分钟内必须严格保持正确的握笔姿势和身体姿势。刚开始孩子可能会抗议,尤其是大一点的孩子,但只要做好第一步与第二步,孩子会坚持下来的,大部分孩子大概一个月就会逐渐养成习惯。

第九章 有效的学习技巧

> \\\ **提示** \\\
>
> 习得一项技能的"王道"是——小步骤、短时间、多次重复,通过过度练习达到技能的自动化。
>
> 父母一定要记住这个练习规则,它也适用于其他技能的习得。孩子通常耐心不足,希望能"一口吃成个胖子",同时很容易泄气,所以需要父母帮助和把握练习节奏。

附加练习1:帮助孩子改善空间意识。

不知道大家有没有注意过,一般情况下,我们的眼睛或者下眼睑是在脸的中间位置。不信可以用尺子量一量从前额发界线到下颌底部的长度,看看眼睛是不是在脸的中间位置。当我们知道这个知识,再来画一张人脸,是不是就很容易把眼睛的位置画对了?

同样,给孩子指出正确的汉字结构和笔画顺序能迅速提高他们的书写能力。观察好的书法对于改善和提升孩子对汉字的空间构型是很有帮助的。田字格、九宫格、回米格都有助于孩子理解汉字的空间构型。

我们还可以将不同结构的汉字做成卡片,让孩子比较它们的空间结构(如独体字、上下结构的字、上中下结构的字、左右结构的字和左中右结构的字),以及它们的每个部分分别如何排列。卡片的好处是可以移动、叠加,方便比较,能让孩子有更直观的空间感觉,从而理解不同结构的汉字在书写上的空间差异。

附加练习2：提高肌肉的力量和手眼协调能力。

在家庭活动中有意识地增加一些锻炼背部肌肉和手部肌肉的活动，如球类运动、抛掷类运动、握力练习等。家庭成员之间可以比赛，成绩提高的人获得奖励。

手眼协调能力训练：抛接游戏（练习手臂大动作）；手部控笔练习（练习手指精细动作）——这个练习可以放在十分钟书写练习内。

这里提及的各种练习工具都可以在网上购买，也可以由父母和孩子一起制作，提前准备好。

提高记忆力和了解常识

记忆很重要，学习的过程离不开记忆。所有学科的学习都需要不断地记忆，例如：

语文——字词、成语、语法、标点符号使用规则等；

数学——九九乘法表、四则运算、公式等；

科学——定义、步骤、陈述等；

历史——日期、原因和结果等；

外语——单词、语法等；

其他科目——专业术语等。

此外，如果孩子对同龄人具备的常识不熟悉，他作为同伴的吸引力就会下降。如果他不记得自己的东西在哪里，不记得什么时候要做什么，不记得要去哪里，他在现实生活中也会遇到困难。这些困难会迅速侵蚀孩子的自尊心。记忆不仅仅与学业成就有关，还与孩子的自我概念和自我评价有关。积极帮助孩子提高记忆力是非常重要的。

父母常常发现孩子对自己感兴趣的话题有良好的记忆，但也常常发愁：孩子怎么就记不住我们想让他们记住的东西呢？

为什么孩子记不住他们应该记住的东西？

首先，我们了解有关记忆的几个概念：短时记忆、工作记忆、长时记忆。

短时记忆是指在一段较短的时间内储存少量信息的记忆系统。其特点是：以言语听觉编码为主，也可以有视觉和语义等多种编码形式；容量有限；保存时间短暂，如果信息得不到及时复述，大概只能保持15—20秒钟。这就是为什么我们在数钱的时候被打扰就得重新数。

工作记忆是一种对信息进行暂时加工和贮存的容量有限的记忆系统，在很多复杂的认知活动中起重要作用，前文已提及。

长时记忆是存储时间在一分钟以上的记忆，一般能保持多年甚至终生。它的信息主要来自短时记忆阶段被复述的内容，以及由于印象深刻一次形成的内容。长时记忆的容量似乎是无限的，它的信息是以有组织的状态被贮存起来的，有言语和表象两种信息组织方式，即言语编码和表象编码。言语编码通过词语来加工信息，按意义、语法关系、系统分类等方法把言语材料组成组块来帮助记忆。表象编码利用视觉形象、声音、味觉和触觉形象组织材料来帮助记忆。依照所贮存的信息类型还可将长时记忆分为情景记忆和语义记忆。

孩子的短时记忆能力有限

一般来说，没有经过训练的孩子通常短时记忆能力相对较弱，不成熟、不完整，也不可靠。一条信息几乎在进入他们的短时记忆时就开始蒸发。如果一个孩子有下列情况，他的短时记忆能力就需要训练：

- 听觉处理能力相对较弱，即不能很容易地把耳朵里传来的话转换成脑海中有意义的画面。
- 不能很好地阅读，不能把注意力从解码字词转移到揣度所读内容的含义上。
- 是一个动觉型学习者，当人们要求他安静地坐着，被动地接收信息时，他会变得非常不安，容易分心。
- 情绪调节能力较弱，上学对他来说不是一种愉快的经历，他可能会感到焦虑、尴尬或怨恨。
- 注意力被那些对他来说似乎更重要的事情占据着，如课间和谁一起玩，中午吃什么，如果他再犯错误老师会不会生气地看他，等等。
- 理解某个话题有困难，不太明白老师在说什么。
- 从一开始就对某个话题不感兴趣。

短时记忆是进入长时记忆的大门。如果一个事实、概念或技能几乎在我们放入短时记忆时就消失了，一定是因为它在大脑中停留的时间太短，无法转化为长时记忆。这就是为什么我们无数次告诉孩子同样的内容，他们仍然会听而不闻，也是为什么我们要做"问—答"，而不能单纯告知孩子。当然，期望孩子在完全理解之前就记住一些东西是没有意义的。怎么才能证明孩子真的理解了呢？如果他们能用自己的话正确而简洁地向我们解释，那就证明他们真的理解了。

很多父母认为，确保孩子理解学习内容的第一步是在学校里完成的。这样的理解既对又不对。当孩子经常不能理解他们在学校所学的内容时，父母需要负起责任，不能期望这种情况会自然而然地好转。

记忆技能训练

解决快速遗忘问题的办法是确保信息进入长时记忆。我们知道，长时记忆中的内容几乎可以永久不忘，并且可以在很少的提示下随意提取。所以我们希望孩子正在接收的信息能以正确的形式进入他的大脑，以便能够以正确的形式检索和提取出来。出于同样的原因，我们要防止孩子"练习"错误的内容。

以下七条指导原则可以帮助我们提高孩子的短时记忆和长时记忆，让他们在学校取得更好的成绩，增强自信心。

第一条，复习与积累。

对孩子来说，让信息进入长时记忆的一个简单方法是：在时间允许的情况下，每天多花 15 分钟，选择三个需要提高的技能或话题（每个技能或话题花 5 分钟），有针对性地复习前几周记忆的内容。这就是所谓的复习与积累。

不要小看了每天 15 分钟的时间，积累下来一周有 90 分钟（周日除外），一个月有 6 个小时。如果孩子练习了这么多次乘法运算、造句和单词默写，这些东西对他们来说将变得非常熟悉，非常容易提取。对于孩子，每天在一个技能或话题上多花 5 分钟不会带来太大痛苦。

第二条，过度学习。

不断地复习学习材料，直到孩子能够正确、快速、流利地背出来。之后还要温习，这就叫作"过度学习"。这样做可以使学习内容深深地嵌入孩子的长时记忆中，使内容的提取变得自动化。即使在不利的情况下，如累了、饿了、不舒服、过度兴奋或焦虑，孩子也能回忆和使用其中的大部分内容。

过度学习需要重复的次数受到许多内部和外部因素的影响。当需要记忆的材料通过孩子最易接受的渠道呈现给他们时，他们会更快、更彻底地吸收，并能更快、更多地记忆。对于大多数人，首选的认知渠道是视觉和运动，也就是看和做。

此外，当孩子处于放松、自信和投入状态，他们的长时记忆能更有效地存储和检索信息。

第三条，联想。

当我们能将一个新的事物与已经熟悉的事物联系在一起时，我们记忆得最好，也回忆得最好。所有的助记术都是如此工作的。我们可以帮助孩子做同样的事情，具体方法可以在家庭内集思广益，也可以在网上搜集。

第四条，元认知。

"元认知"是一个心理学名词，我们可以简单理解为"有关思考的思考"或"了解我们如何学习"。当我们引导孩子观察、注意、使用记忆线索和类比时，我们就是在教他们思考自己是如何思考的。人类的大脑具有极强的可塑性和多用途性，能够学会如何学习。

帮助孩子提高学习能力的一种方法是：当他犯错时，作出诊断性回答。诊断性回答指我们在发现错误的时候，直接说出错误的原因。

如孩子在写"逃"字的时候,写成了"挑"。诊断性回答就可以是:"你是不是以为我让你写的是一个'拿大顶'的人在逃跑?一般人都是用脚逃跑的哦。"诊断性回答能够帮助孩子思考和理解他为什么会犯这个错误。当孩子在记忆过程中或在做作业的第一阶段或第三阶段出现冲动行为或"粗心"的错误时,让他停下来,请他告诉我们,他犯了什么错,他应该说些什么、读些什么或写些什么。给孩子一个诊断性回答,帮助他思考他为什么会犯这些错误。

当然,我们要花时间去反映性倾听孩子的沮丧、对自己总是出错的焦虑,或者因为被迫做一些让他们感觉不舒服的事情而对我们产生的怨恨,等等。(提醒一下,不要怕孩子说恨我们,因为那是一时的情绪和感受。)

第五条,尝试检索。

主动记忆比被动记忆的效果好。举个例子,假如孩子要背诵一首诗,被动记忆就是"小和尚念经,有口无心",孩子一遍一遍地读;主动记忆就是在读了几遍后尝试背诵。这意味着孩子需要用越来越少的提示从记忆中提取信息,这个过程被称为"尝试检索"。

大脑的信息加工很有意思。当我们试图多次检索同一条信息时,大脑似乎会注意到这条信息一直被需要,从而自动得出一个结论:这条信息很重要。大脑采取了明智的措施——将这条信息储存在长时记忆中,这样就可以方便、可靠地获取信息了。

当我们有规律地、频繁地花费哪怕很少的时间去回忆以前学过的东西时,大脑里就会发生一些非常有趣的变化。尝试检索的行为似乎会触发长时记忆,连我们没有复习过的与之相关的许多信息都会被激活和储存。

第六条，花样重复。

练习一项技能的方式越不同，它进入长时记忆后就越牢固。如要背诵古诗《咏柳》，我们当然可以一遍一遍地复述，这是语义记忆。我们也可以想象柳树的颜色、柳叶的形状和剪刀的作用，这是表象记忆。我们还可以想象从冬天到春天的感觉，甚至可以分析为什么现代二月还是冬天，柳树并不会发芽。原来现代用的是公历，古代用的是农历，可以立即查一查日历，看看今年的农历二月是公历的几月，天气是否已经转暖。所有这些不同的信息、提及的词汇和物品都有可能激发大脑不同的区域，从而激活《咏柳》这首诗的长时记忆，这样便能够很容易地提取出来。

第七条，延长时间间隔。

要想实现过度学习，还需要多做一步。当孩子每天都能正确、快速、流利地告诉我们这些信息时，就不要再天天问了，隔天再问吧。

孩子可能需要几天或一个星期才能恢复你每天"问—答"时他回答的速度和流利程度。如果你隔一天问他时，他能很容易地回忆起信息，那就改为一周问两次。同样，在回忆的速度和流畅度上最初也会有所下降。一旦恢复，就可改为每周问一次。如果孩子的回答又快又流利，那就每两周问一次，最后每个月问一次，持续几个月。到那时，信息将被安全地锁在长时记忆中。

减少记忆痛苦的指导原则

- 把记忆时间限定在 5—10 分钟（孩子要求延长也不行）。
- 从确信孩子知道的内容开始问。

- 先问简单的问题！这能使孩子的大脑升温，也增强了孩子的信心。
- 把每一项需要记忆的内容都分解成一个个小内容。
- 总是积极回应每一个正确答案：微笑、描述性表扬。
- 每次都用不同的方式表达同一个问题，如：3乘以7等于多少？7乘以3等于多少？如果把7和3相乘，答案是多少？21中有多少个3？7乘以多少等于21？

看到这儿，父母可能要头痛了，觉得自己不可能想出这么多的方式。加油！你们可以的！

持之以恒地做一些记忆游戏，如引导孩子想出一个让他更容易记住某件事或某项技能的方法，或者组织家庭记忆比赛。记忆内容不一定要与学习相关，可以是一些常识性知识，因为经常提及学习会让孩子反感，产生抵制情绪。

父母要经常使用描述性表扬和反映性倾听来解决孩子的情绪问题。我们需要认识到，焦虑往往隐藏在不情愿、抗拒、争吵、抱怨或者赶作业的背后。

了解与增加常识

许多学业表现不佳的孩子，在学科知识和一般知识（常识）方面都与同龄人有着较大的差距。父母天天和孩子在一起，很容易认为这就是孩子本来的样子，甚至可能都没有注意到这些差距。如有些孩子可能记不清自己的家庭地址、父母的工作单位、比较亲近的亲戚和朋友的相关信息；不知道自己居住的城市里最著名的市政建筑、最繁华的街道以及城市历史等；不知道自己的家乡有什么特色，省会城市是哪里。更不用说一般的自然常识，如哺乳动物的特征，月球绕地球运行，蜜蜂是昆虫等。他们在生活技能方面也有不足，如不知道如何操作洗衣机、微波炉等。

说到这儿，父母可能会有一个大大的疑问："为什么这些小事情很重要？"因为这些都是孩子需要牢牢掌握的基础知识，掌握这些才能对更复杂的学科知识建立牢固的理解。如果没有这些基础知识，学校学习、家庭作业和现实生活将会比他们预想的还要混乱。此外，常识极大地提高了一个人的社交能力。如果一个人对众所周知的事情一无所知，朋友会认为他很古怪，他自己也很容易不自信。

更重要的是，了解更多的常识有助于孩子理解身边的环境，他们会因此感到舒适，并作出适当的反应。孩子越容易驾驭自己的世界，就会越积极、越成功地参与其中。孩子的反应越成功，他们就会对环境越警觉和有意识地留意周边信息，听力和记忆力都会提高。他们将更有能力在其生活的每一个领域发挥潜力。所有这些都使孩子更有动力，更自信。

有些常识并不是学校教的。有些学校虽然教，但不系统。如果班上的大多数孩子很容易地掌握了这些事实和概念，老师的注意力很快就会转移到课程的下一步，而此时有些孩子并未真正掌握。所以，如果父母决心要增加孩子的常识，需要在家里下一番功夫。

父母可以在日常对话中加入一些简单的知识，如：

我国的四个直辖市分别是北京、天津……

立方体有 12 条边……

大姨家的姐姐大学毕业了，现在在……

太阳是恒星,而地球是……

上海的一江一河是……

如果孩子在 5—10 秒内没有回应,父母就自己完成陈述,然后立即重复,让孩子说出下半句。当孩子能做到这一点时,就让他说出完整的句子,如此所有的信息都将被储存在孩子的长时记忆中。

在家中进行常识抢答时可以设置一些奖励,如在玩扑克前陈述几个科学事实,赢的人有选择搭档的权利。

\\\ 私房话 \\\

基于个人经验,我发现孩子在知道其他同学不知道的知识时,会在同伴中"显摆",这种"显摆"让孩子对自己的感觉很好。一旦让孩子感受到知识带来的对自己极为满意的感觉,孩子会更有动力去获取新的知识。他们非常享受"别人都不知道,就我知道"的感觉,这也是学习的动力之一。

提高阅读理解能力

阅读不等于阅读理解,正如我们开玩笑时说的:"每个字我都认识,但放在一起完全不知道在说什么。"阅读理解从听开始,毕竟一个听不懂的人,也不太可能读懂。在提高阅读理解能力方面,我们需要关注的技巧有:

- 听觉理解能力。这是一种通过听觉获取信息的能力。

- 熟练掌握一定量的字词。这里的熟练掌握指一眼就能认出，不需要费脑子多想，只有这样，孩子的大脑才可以专注于他们所读内容的含义。
- 能准确猜出不熟悉的字词的含义。

给孩子读书

读书给孩子听是提高阅读理解能力最简单、最快速和最有趣的方法。一般来说，孩子会在自己能够毫不费力地读懂的范围内，即词语舒适区内挑选书籍。这些书通常不会特别具有挑战性。但当我们读给孩子听时，我们可以选择更具挑战性的书籍。当孩子在故事中听到许多不熟悉的词汇时，他们会根据上下文理解这些词汇的意思，这一点让他们自己阅读可能做不到。

同样，孩子在听时，能够理解更复杂的句子结构，因为他们的大脑只执行一项任务，即将他们听到的内容在脑海中形成图画。但是，当孩子阅读更具挑战性的书籍时，他们的大部分工作记忆必然被解码任务，即辨识字词的读音和含义占用，留给他们思考观点和建立联系的空间就少了。

即使在孩子已经成为一个优秀的读者之后，也要继续为他们朗读，这是一种舒适、愉快的仪式。在这个过程中，每个人都能体验到愉悦的情绪，都能从中获益。以下是一些重要的指导方针：

- 与我们想要建立的所有习惯一样，每天短时间的大声朗读要比长时间但不那么频繁的朗读有效得多。
- 不要把为孩子朗读的时间限制在就寝前，晚餐前或晚餐后就

第九章 有效的学习技巧

是一个很好的时间。在手提包里或其他方便的地方如沙发边上放一两本书,这样随时可以开始大声朗读。

- 朗读时,要确保没有其他东西在吸引孩子的注意力,尤其不要让孩子听到任何电子产品发出的声音,因为那会让孩子分心。
- 确保孩子身体舒适。否则,他会感到不安,注意力可能会分散,甚至会抱怨这本书"无聊"。
- 开始朗读前,先和孩子一起好好看看图书的封面和封底,这将帮助孩子熟悉作者和插图。阅读内容简介,然后一起讨论能从这些信息中预测到什么,也谈谈每个人可能已经知道的故事。
- 如果书中有图画或照片,快速浏览一遍,看看能从中提取出什么信息。这通常能激起孩子对一本书的兴趣。

减少朗读的阻力

有时候,孩子似乎对别人给他读书不感兴趣,甚至可能有抵触情绪。下面是一些可以迅速改变这种情况的注意事项:

- 不说教、唠叨、哄骗、贿赂、威胁等。
- 不要认为孩子还不够成熟,不能像其他同龄的孩子那样安静地坐着倾听、吸收和享受书本。
- 不要放弃。
- 在中立时间进行"问—答",一天几次,向孩子询问(而不是告诉他)关于阅读活动的一切:谁朗读?谁聆听?你坐在哪里听?

- 一定要先设一个 5 分钟的闹铃提醒，让孩子放心，他不用坐很长时间。
- 告诉孩子，当闹铃响起的时候，你才会和他讨论其他的事情，现在你只会谈论那本书。
- 当孩子行为不当的时候，不要说"不""不要""停止"。不成熟、冲动的孩子听到过太多这样的话，他们可能根本就不会费心去听，也不会遵从。事实上，他们在听到这种话的时候，可能会自动切换到报复模式，用自己的方式去获得负面的关注。
- 不要等到孩子表现很好时才去表扬他。也许那一天永远不会到来！相反，在孩子还没有达到可以接受的行为标准，但愿意向正确的方向迈出微小的一步时，就要及时给予描述性表扬。
- 把文字简化，让孩子更容易理解，更感兴趣。父母可以这样做：用更熟悉的词汇替换；把长句、复合句拆成几个短句；添加解释；略去或简要总结整个段落；重复关键句子。
- 声情并茂地朗读。简单的方法就是在每个句子中强调至少一个字或词。
- 对孩子所说的任何准确的、有趣的或富有想象力的内容给予描述性表扬。
- 如果有插图，在读到与插图有关的语句和词汇时，可以一起观察插图。
- 一定要用结尾语句帮助孩子提高回答问题时的自信，如："那个猎人带着……（稍停几秒钟，看看孩子是否会回答，如果孩子没有回答，父母就把话说完）弓和装满箭的箭袋。"当父母把这句话说了两三遍的时候，孩子已经在努力正确地表述这个句子了。此时，我们可以用微笑和描述性表扬来回应。
- 一开始一定要问简单的问题，这样孩子就能体会到理解问题、正确回答问题、听到描述性表扬和看到父母高兴的笑容所带来的满足感。
- 每次读到某本书的时候都要问同样的问题。很快，孩子就会期待着这些问题，很乐意回答它们。
- 不要向一个心不在焉的孩子问任何问题。
- 可以重复读同样的故事。惯例可以减少阻力，熟悉孕育接纳，最终促成享受。
- 不要把撕破的或涂鸦过的书放在周围，因为那会树立一个反面榜样。
- 每当父母谈论书籍的时候，一定要听起来非常热情和兴奋。

通过问问题提高阅读理解能力

研究表明，听别人讲故事时，孩子在理解力方面的最大提高不仅仅来自听，还来自思考。提高阅读理解能力最有效的方法是问孩子一些需要他们思考的问题，特别是需要推理、预测和考虑因果与动机的问题。

引导孩子用完整的句子回答问题可以以意想不到的方式激活孩子的大脑，并带来几个重要的好处：孩子将会经历更成熟的思考过程；孩子将练习更成熟的句型和使用更高级的词汇；孩子听到的东西将更多地进入长时记忆；能帮助孩子更仔细地听。

父母要问好的问题。好的问题通常具有开放性，不能用是或否来回答。这些问题通常包括：谁？做了什么？什么时候？在哪里？为什么做？如何做的？也就是英文中的5W和1H（who, what, when, where, why, how）。

其一，问需要记忆的问题。

需要记忆的问题只是让孩子回忆他们听到或读到的故事：

红孩儿是谁的孩子？

马小跳上几年级？

用你自己的话说说孙悟空是如何大闹天宫的。

其二，问解释。

在更高的水平上，孩子必须思考故事，而不仅仅是记住其中的一些片段。他们需要学会理解事物之间的联系：

你赞成海的女儿的做法吗？为什么？

是什么让小马不敢过河？

灰姑娘的继母是一个纯粹的坏人吗？为什么？

\\\ **私房话** \\\ ••••••••••••••••••••••••••••••••

记得我曾经和女儿探讨过童话故事《海的女儿》。关于这个故事的讨论，我们持续了好些年，随着孩子慢慢长大，思考更加深刻，我们讨论的问题也逐渐深入。这种讨论是父母和孩子分享人生经验、价值观的良好途径。

记得最开始，大概是在她上小学的时候，我们探讨故事中每个人的行为方式，在当时的情境下是否有更好的解决方式；到她上初中的时候，我们探讨海的女儿到底是善良的还是自私的；到她上高中的时候，我们探讨陷入爱情中的女孩应该如何处事，人是否应该接纳自己本来的样子；到她上大学时，我们讨论读这些故事的女孩会不会内化故事中好女孩的标准，男孩会不会也内化对女性的要求。

······································

父母要知道，"不喜欢阅读"或"不怎么阅读"的孩子，并不一定是不想阅读的孩子。他们通常都有过因为不擅长阅读而带来的消极体验，所以他们认为阅读永远不会给自己带来快乐。建议父母使用本书中推荐的策略，帮助孩子成为一个更有技巧、更成熟的读者，这样他们自然会享受阅读。当他们开始享受阅读时，很快就会把自己定义为一个爱读书的人——这是我们的目标！

鼓励孩子动脑

思考能帮助人们把知道的和不知道的联系起来，是解决问题的途径，是创造，是在学校取得成功和家庭作业成功所必需的因素。

我们越鼓励孩子动脑，他们就越有信心动脑。但我们很容易忘记，要想取得进步并获得自信，练习是必要的。良好的思考能力能让孩子更好地学习每一门功课，也能让他们更理智、更成熟地处理现实生活中的问题。

父母可以通过两种方式来教导和训练孩子的思考能力：一种是做家庭作业，另一种是家庭作业之外的日常生活，包括玩耍。利用做家庭作业提高孩子的思考能力已多次谈及，很显然，思考能力的训练会渗透到作业的各个方面。接下来主要谈谈日常生活中的训练。

无论我们身在何处，无论我们在做什么，我们都有机会引导孩子提高思考能力。每天都有很多小问题需要解决：鞋子放错地方了，抽屉关不上了，拉链卡住了，等等。作为父母，我们可以迅速、轻松地帮助孩子解决这些问题，但这样的话，孩子几乎意识不到存在问题。也许我们可以让孩子参与解决问题的过程，通过问一些引导性问题，在他们摸索和实践的过程中花时间等待和倾听，这是孩子学习的方式，也是我们需要做的事。

此外，还有许多有趣的游戏可以帮助教导和训练孩子的思考能力。有些游戏需要装备，有些只需要铅笔和纸，有些不需要任何道具。我们可以在空闲的时候和孩子一起玩这些游戏。

推理游戏

教给孩子们从证据中推理的重要技能。

第一步，写下一个没有人知道答案的问题。这一步本身就是在挑战孩子的思考能力。

第二步，所有人写下自己对答案的猜测。

第三步，玩家一起讨论哪种猜测更明智，猜测者运用了什么知识，哪种猜测纯粹是胡思乱想。

例如："蚕宝宝会不会吃桑叶以外的其他树叶？为什么？"如果有一个人猜测并写下了"不会，因为它们偏食"，我们就可以说这个猜测不对，因为蚕还吃生菜叶等。

类别游戏

第一步，先陈述一个类别。可以是一个大的类别，如食物或动物；也可以是一个小的类别，如农场动物或水果；还可以是交通工具、国家、家具、乐器等。

第二步，每个人都写下属于这个类别的项目。自信的孩子可能喜欢计时，看看谁在规定的时间内说得最多，但是不自信的孩子很可能会感到焦虑，这会破坏他们的游戏乐趣。

第三步，如果有人在游戏中卡住了，另一个人可以提供线索，如声音、大小、形状、颜色，在哪里可能找到或如何使用，等等。

第四步，每个人轮流朗读自己的答案。

第五步，一起讨论是否所有物品都属于规定的类别。

这个游戏可以提高难度，如要求每个人的答案必须含有某个偏旁，必须符合某种汉字结构，等等。每次玩都可以有新的玩法。

分类游戏

它是上一个游戏的颠倒版，更具挑战性。

第一步，某个人先写出一个问题，如"菠萝是什么"。

第二步，其他人写下该物品可以归入的类别，如"菠萝是一种水果""菠萝长着黄色的皮""菠萝可以榨汁"。

第三步，一起讨论答案的准确性，以及哪些类别比较宽，哪些类别比较窄。

这个游戏也可以提高难度，如每个人既需要写出答案，又需要写一个同样适合自己所选类别的物品名称。可以这样写："菠萝是一种水果。苹果。""菠萝可以做点心馅儿。红豆。"当然，还可以附加其他的条件以提高任务难度。

为答案找问题

孩子通常会为问题找答案，而这个游戏正好相反。

第一步，由一个人先写下"答案"，然后读出来，如"7""孙悟空""水"。"答案"可以是任意的。

第二步，每个人写下一个与给定的答案相匹配的问题。如果孩子缺乏自信、抵触或年龄太小，可以建议他问一个问题。随着时间的推移，每个人需要提出越来越多的问题。

下面是一些与给定的答案相关的问题示例。

针对"7"这个答案，可以提问："一周有多少天？""我有3颗糖，爸爸比我多4颗，爸爸一共有几颗糖？""白雪公主和几个小矮人交了朋友？"

针对"孙悟空"这个答案，可以提问："猪八戒的大师兄是谁？""如来佛把谁压在了五指山下？""大闹天宫的是谁？"

针对"水"这个答案，可以提问："渴了喝什么？""洗手用什么？""花盆里的土干了要浇什么？"

不匹配游戏

这个游戏可以提高孩子对类别的理解,教他们如何观察和解释相似与不同之处。

第一步,一个人写四个词语,其中三个词语属于同一类别,还有一个词语的类别与其他三个不同。例如:

商店、银行、苹果、图书馆

蚂蚁、蜜蜂、蝴蝶、飞蛾

第二步,所有人写下其中三个词语所属的类别,以及哪个词语不属于这个类别。

第三步,一起讨论这个类别是什么,以及每个词语属于或不属于这个类别的原因。

一百种用法

这个游戏可以唤醒孩子的创造力和解决问题的能力。

第一步,由一个人写下一个熟悉的物品的名字,如铅笔、桌子、帽子等。

第二步,每个人都写下该物品的可能用途。以"铅笔"示例,可以这样写:

可以书写;

铅粉可以润滑生锈的锁;

可以用来画画;

可以撬开瓶塞。

第三步,一起讨论该物品是否真的可以这样使用。接受所有合理的回答,排除不合理的答案。如果有人不明白某个回答背后的原因,就要作进一步解释。

事实、虚构或观点

这个游戏教孩子仔细思考自己听到和读到的东西。

第一步,由一个人写下一个句子并大声朗读。

海豚是一种鱼类。

没有男孩子会用"芳"字做名字。

第二步,所有人写下他们对这句话的判断:事实(绝对正确)、虚构(绝对不正确)或者观点(不一定正确的个人想法)。

第三步,每个人解释自己判断的理由。我们可能会对其中的一些理由感到惊讶。这个游戏能够告诉我们,孩子知道什么以及他们是如何推理的。当我们纠正错误答案时,正是孩子学习更多知识的时候。

游戏变体:非常不自信的孩子可能不相信自己能写出合适的句子,父母可以先把句子写下来。几轮游戏过后,孩子会更有信心,也会更愿意说出自己的判断理由。

\\\ 私房话 \\\ ••••••••••••••••••••••••••••

我和孩子有时候会挑选一段网络文字来做这个练习。从中找出哪些是事实,哪些是观点,哪些是"脑洞"。这种练习有助于孩子在当今海量的网络信息中抓住核心信息,即事实。

我们经常看到网络上沸沸扬扬地讨论某个事件,舆论一边倒地支持一方,反对另一方,然后没过多久又开始"反转"。做这样的训练可以提高孩子辨别信息的能力。

它们有什么相似之处?

这个游戏可以教会孩子寻找和理解相似与不同,这是一个非常重要的技能。

第一步,由一个人写下两个名词并大声朗读。

第二步,所有人写下这两个名词相似的地方。例如:如果有人写下"围巾"和"鞋子",描述它们的相似之处的句子可以是:

它们都是人工制品。

它们都可以为人们所用。

人们可以在超市买到它们。

如果有人写下"桌子"和"梯子",描述它们的相似之处的句子可以是:

它们都可以用木头制作。

它们都可以让人登上更高的位置。

第三步,一起讨论陈述的句子是否准确。

联想

这个游戏帮助孩子跳出既定的思维框架。

第一步,每个人写下几个自己认为有趣的名词(十个左右为宜)。

第二步,将这些名词汇总,这样每个玩家都会得到一份完全相同的词汇列表。

第三步,每个人思考并写下自己从这些名词中找到的任何联系。例如:脚、大象、爆米花、中秋节、旅游、糖果、剪刀、自行车、铅笔、时钟。这些名词之间的联系可以通过一些句子表达出来,示例如下:

大象有脚。

中秋节我带着糖果和爆米花,骑着自行车去旅游。

我用铅笔画了一个时钟,并用剪刀把它剪了下来。

第四步,每个人轮流大声朗读自己写的句子。

第五步,一起讨论相互联系的想法是否有意义,接受一切合理的解释。

有多少问题?

这个游戏引导孩子对他们习以为常的事情进行深入和仔细的思考。

第一步,由一个人想一个熟悉的东西,如一所房子、一本书、一张桌子等,写下来并向大家宣布。

第二步,所有人都写下自己能想到的关于那个东西的问题。

例如：

　　它是什么颜色的？

　　它是什么形状？

　　它属于谁？

　　它是用什么材料做的？

　　它被修理过吗？

　　它能被回收利用吗？

　　它是新的还是旧的？

　　它值多少钱？

　　哪家商店卖这个东西？

　　它能改造吗？

　　第三步，大声朗读自己写下的问题，一起讨论如何找出答案，还要讨论这些问题是否在问同样的内容，只是用了不同的词。

　　第四步，每个人从其他人提出的问题中选择两个，并写下这两个问题的答案。

　　第五步，一起讨论答案的准确性。对于任何不正确或不完整的答案，一起讨论如何改进，直到所有人都满意。

提高写作技巧：从句子、段落到故事和散文

　　写作是孩子证明自己已经理解和记住所学知识的主要方式。父母不仅希望孩子学会清晰的语言表达，还希望他们能清楚地进行书面表达。写作是一种创造性表达形式，可以提高孩子的阅读能力和思考能力。

要想提高孩子的写作技巧，首先要引导他们克服对写作的不情愿心理，学会合作是前提，然后再训练孩子的写作习惯，提高写作热情。

孩子需要掌握的写作类型

- 记叙文（写一个故事，可以是真实的，也可以是虚构的）
- 小说
- 诗歌
- 散文
- 议论文
- 说明文

首先，孩子要学习如何写一个有意义的句子，其次就一个主题写几个相关句子，构成一个段落，这通常是考试中论述题答案的写法。最后，孩子要学习如何将一些段落组合成一篇文章。

要想写好一篇文章，需要经历三个阶段。

第一阶段：草拟大纲。许多孩子会抗拒草拟大纲，觉得没有必要，而且浪费时间，但是父母必须坚持。一旦孩子勾勒出一个大纲，他们就可以集中精力发展情节，描述人物，使用不同的词汇，思考如何拼写和使用标点符号，等等。

第二阶段：写作。草拟大纲之后就开始写作。这个阶段必须由孩子独立完成。父母在此阶段不要给他们任何指导，如有指导，请放在第一阶段。

第三阶段：编辑校对。写作完成之后，孩子还应仔细检查所写内容，尽量减少错误。如果跳过第一阶段或第三阶段，孩子就会觉得他们不需要尽全力就能写好。

孩子写作的常见问题及策略

其一，不情愿和抗拒。

孩子在写作方面可能会有很多问题，首先要解决的是减少孩子的不情愿和抗拒。很显然，如果孩子没有动力去练习和提高，尝试解决其他问题是没有意义的。

孩子不愿写作的根源通常是一种不舒服的感觉，因为他们预期会被责备，而这种情况在家里、学校中可能发生了很多次，他们会因为自己的字写得不好、标点符号没用对而感到羞愧。这些都削弱了他们的动机。

父母从这些不情愿的"作家"那里听到的最多的抱怨是："我想不出有什么好写的。"这个时候，父母要记住，写作应该由孩子自己完成。除非有特别说明，否则，写作不应该是父母和孩子共同努力的结果。所以，不要代替孩子思考。事实上，父母通常会发现，任何建议都会被立即否决，孩子依旧会抱怨："太无聊了。""太长时间了。""我还是不知道该写什么。"

父母可取的做法是：

- 可以从问孩子任务是什么开始。有时候，仅仅这个问题就能让孩子意识到他该写什么。
- 如果这还不能让他开始，下一步父母就该展示如何规划一个故事或作文。可以在一张白纸上写下：谁、什么、何时、在哪里、为什么、如何。

- 请孩子告诉我们这些问题的答案，并把他说的话写下来。通常这一步足以帮助孩子意识到他该写什么。
- 如果不行，那就请孩子就这六个问题说六个完整的句子，然后由父母把这些句子写下来。不用担心，这只是一个暂时的策略，不需要持续很长时间。
- 当孩子口述句子的时候，帮助他们找一些修饰性的词语（如形容词和副词），插入句子中。
- 如果孩子说的某些句子不合语法，父母可以说："这不符合汉语的表达习惯。"然后尝试给出正确的示范。这样可以避免使用"语法"这个词，因为提到"语法"会让孩子有畏难情绪。
- 把孩子说的每句话都写在小纸片上。这样，孩子就可以移动纸片，直到故事符合正确的顺序。
- 让孩子正确且整齐地抄写他自己口述的句子。

对一份小小的写作作业来说，这样做似乎有点小题大做，其实不然，教孩子写作小技巧确实需要花费时间和精力。如果我们愿意用这种方式来处理"我想不出什么可以写"的抱怨，我们就会发现，用不了多久，孩子会成为一个有能力和自信的"作家"。这会让我们投入的时间和精力变得值得！

其二，缺乏规划。

大多数孩子没有事先规划就一头扎进写作中。在他们看来，规划似乎是浪费时间的事情，因为他们一没学会如何规划，二没充分实践，看不到好的结果。

如果想在任何一项写作任务中做到最好，我们需要经历三个阶

第九章 有效的学习技巧

段：规划、写作和提高。但是孩子不一定会尽力去做，他们可能只是想让这个考验尽快结束，他们不明白规划的意义也就不足为奇了。父母的任务是激励他们产生想要做到最好的想法，然后教他们如何做到最好，最后让他们养成经常做到最好的习惯。

根据孩子的年龄特点，规划可以是基本的，也可以是详细的。规划的一种基本类型是记下疑问词，然后为每个词写点东西。这不仅适用于想象力丰富的故事，也适用于许多事实性文章。

规划的另一种类型是思维导图或主题网。我们可以先在一张白纸的中央写下主题，然后从主题向外画线，在每一条线上写下主题的一个方面。如果白纸中央的主题是哺乳动物，那么第一条线可能是丛林哺乳动物，第二条可能是沙漠哺乳动物，第三条可能是家养哺乳动物。再从主题的每个方面往外画更细小的线以分出子类别，如它们如何养育后代或如何觅食。思维导图非常有用，它可以让我们一眼看到主要类别和子类别。

还有一种非常有效的叙述方式：拿一张白纸，让孩子在纸上的任意位置写下他们想到的关键词和短语。当孩子把他们脑海中的想法全部呈现到纸上时，他们就可以按照合理的顺序把它们连在一起。

随着孩子年龄的增长，他们可能需要自己去探索一些话题。一般来说，如果允许孩子自己选择话题，他们通常会选择一些比较宽泛的话题，所以我们需要帮助他们把话题缩小到更容易掌握的范围。

其三，有限或不成熟的词汇。

我们会发现孩子的作文中总是一遍又一遍地出现"好""很好""不好""坏"之类的词汇，但孩子的想法或想象远比这些词汇能表达的要丰富得多。与之类似，很多孩子在写作时经常以"但是""因为"或"所以"开始每句话，或者总是以相同的名词开始每个句子，而不是转换成一个代词。

使用的词汇有限的一个原因可能是想象力不足。还有一种情况是，让孩子天马行空地编一个故事时，他们可能有很好的想象力，但要求就某个话题编一个故事时，他们就不知道如何去想象了。结果就是，他们写下来的故事只给出了干巴巴的事实，既没有详尽的阐述，也没有有趣的细节。

为了引导孩子养成以更有趣的方式开始句子的习惯，我们可以制订规则，每个句子必须以不同的词汇开始，例如：突然、忽然、很快；但是、然而、虽然、尽管；经常、总是、很少；幸运、不幸等。

父母还可以帮助孩子学会使用表达更精准的词汇：

- 挑战自我：说话的时候使用更精准的语言，不仅在与孩子面对面时，而且在任何他们能听到我们说话的地方。这样做不可避免地会降低效率，也可能会让我们感到不痛快，但经受过挑战的父母说，措辞谨慎有两个好处：一是说出来的话更有趣了；二是自己变得更积极，不那么冲动了。
- 教孩子使用同义词典，这将让他们了解词汇的许多细微差别。

当然，也可以在家庭生活中通过一些游戏来提高孩子的词汇量和使用词汇的精准度。

第一个游戏是同义词和反义词游戏。这个游戏可以在家庭生活中的任意时间开展。如在决定谁去倒垃圾、让谁去找某件东西时，由一个人先说一个词，另一个人接下来说它的同义词或反义词，最后卡住的人去做事。当然，不要让孩子总做输家，否则他们可能不愿意玩了，但也不要让孩子总是赢。父母可以示意孩子提前作准备，如经常翻看同义词或反义词词典，但不能允许接到任务后再翻阅词典。还可以随机挑选词语，如以"翻开词典，偶数页码上的第三个词语"开始游戏。（如此明确的描述是因为我有过教训，孩子天生就是钻空子的高手，他们很可能会找各种借口逃避小小的惩罚。）

注意，游戏中的任务不能是家里某一个人的分内事，如规定孩子晚上洗碗，就不能允许孩子利用游戏逃避责任。当然，其他家庭成员也不能通过类似的方式逃避责任，要一视同仁。

第二个游戏是描述游戏。这个游戏有助于扩大孩子的词汇量，使他们能更准确地表达自己的想法。父母和孩子一起仔细地观察某个物体，然后轮流用尽可能多的形容词来描述那个物体。例如，对于一朵花，大家可能会想到柔软、娇嫩、漂亮、小巧、美丽、鲜艳等。

第三个游戏是口语短文。口语短文练习可以帮助孩子轻松地造句和表达想法。为了让它更像一个游戏并方便模仿，父母和孩子应该轮流练习（如果孩子一点都不愿意练习，父母可以先示范）。每个人选择一个熟悉的话题，然后就这个话题说5—10句话，以一个开场的句子作为背景，结束时要对这篇口语短文进行总结。和往常一样，父母要找一些合适的点进行描述性表扬。

随着孩子学习能力的提高，我们可以要求孩子使用更精准的词汇、更有趣的句子结构，说更多、更长的句子，讨论更丰富的话题。除了提高口语表达能力，这项练习还能让孩子不用费力地控制铅笔，也不用担心拼写和标点符号的干扰。因此，口语短文相对容易，且能快速完成。这项练习可以帮助孩子在顺利沟通和增加信心方面迅速提高。

第四个游戏是提高语境游戏。在不同的语境中，使用的词汇要和句子结构与任务相适应。对孩子来说，"书面语"的概念可能有点陌生，所以父母需要向孩子解释一下，大多数家庭作业要求写的东西"像一本书上写的东西"，这对他们很有帮助。如果我们不教，孩子很可能在写作中使用非正式的、口语化的词汇，因为以说话的方式写下来对孩子来说似乎很自然。所以，我们需要教孩子在写作中避免口语。

在家庭生活中，我们可以把这项技能的学习变成一种有趣的游戏，如轮流用俚语说一些普通的句子，互相挑战用更正式的语言重新表达这些句子，反之亦然。

其四，排序问题。

孩子写作时可能会弄错事情的步骤，或者把一些重要的步骤全部省略掉，这就使得他们的书面作品难以理解。下面的活动可以教会孩子按正确的顺序排列事情。

第一个是排序训练。先让孩子向我们描述他是如何做某件事的，如怎么叠一架纸飞机。当孩子向我们描述他是如何做的时候，记录每个步骤并分别写在不同的小纸片上。然后把小纸片按顺序放在桌子上，在漏掉重要步骤的地方留下空位。接着问一些引导性问题，帮助孩子发现缺少了哪些步骤，并把缺少的步骤分别写在小纸片上，让孩子把它们放到正确的位置上。最后把这些小纸片混在一起，再让孩子把它们按正确的顺序排列出来。

第二个是排序游戏。先想一个大家都熟悉的故事，然后一人一句地把这个故事讲出来。轮到父母讲时，只描述更多的细节，而不把故事向前推进。轮到孩子讲时，他很可能会把故事向前推进，因为孩子

第九章 有效的学习技巧

通常对行动而不是描述更感兴趣。如果孩子遗漏了故事的某个重要部分，或者混淆了顺序，可以通过提问来纠正他，然后继续讲故事。这个游戏不仅强化了排序技能，还可以教孩子通过描述细节来丰富故事。

其五，缺乏共享的背景知识。

孩子写的作文有时候很难理解，是因为他们默认读者知道一些没有写明的背景信息。父母在日常谈话中可以引导孩子，让他们对背景信息作更多的说明。如果孩子说："李老师说我的算术很好。"这个时候父母可以说："我知道你们的数学老师姓张，所以我猜李老师可能是来帮忙的吧？"此时孩子就会意识到父母并不知道自己班上来了实习老师，自己需要向父母说明这种情况。

其六，没有足够的描述。

当孩子把注意力集中在故事内容上时，很容易忽略描述，使得故事很无聊。制订一个规则，在每一句陈述故事情节的句子之前，都必须加两句描述性的话，不管是虚构的还是真实的。如此，孩子便不会忽视对故事效果的描述。孩子可以描述从事某种活动的人的外貌、动机，也可以描述周围的环境。

为了帮助孩子更好地描述，可以让他们想象自己正坐在电影院内看电影，并要求他们描述电影画面。父母根据"谁、什么、何时、在哪里、为什么、如何"来提问。这些问题可以帮助孩子提高想象力和将想法用语言表达出来的能力。

其七，句子太短。

有些孩子，尤其是男孩，写的句子很短，因此听起来断断续续的，很别扭。这是因为男孩倾向于使用较短的句子；相对来说，女孩倾向于使用复杂的句子。

组合句子练习可以帮助孩子改善句子结构，使句子更复杂、更成熟。父母先写两个短句，例如："我有一只狗。我的狗是大狗。"然后告诉孩子如何把它们组合成一个句子（"我有一只大狗。"）。当孩子掌握了将两个短句组合成一个句子的方法后，他们就可以继续学习更复杂的句子组合。

其八，不正确的句子结构（通常被称为"糟糕的语法"）。

孩子需要先学会正确地说，然后才能正确地写。父母要给孩子做好示范，在日常生活中注意语言表达的正确性，因为孩子的语言表达会受到父母的影响。

当孩子说出正确的话语时，父母要给予描述性表扬。当孩子说错了某个句子时，我们要把正确的句子说一遍，然后让孩子重复这个正确的句子。切记，不要批评、挖苦孩子，连善意的调侃也不行，父母只需说出正确的句子。

其九，没有仔细校对。

我们知道写作完成后需要不断地审视和反复检查，但孩子认为写完任务就完成了，很少有孩子会校对自己所写的内容，甚至根本不知道如何做这件事。校对书面作品是一项非常重要的技能，孩子应该养成仔细校对的习惯。

其十，书写问题。

有些孩子认为保持正确的书写姿势非常困难，有时甚至是痛苦的，所以他们会尽量少写。前文已经给出了如何提高书写技能和如何使书写更舒适的建议。

第九章 有效的学习技巧

发展编辑和校对技能

成年人对自己写的一些重要材料如简历、工作报告、申诉材料等，总是会反复校对和修改，甚至重写。孩子需要学习这个过程，培养校对的习惯。

一些人很容易养成这种习惯，而另一些人，通常是比较容易冲动、不耐烦的人，会主动或被动地抵制这个过程。父母和老师尽了很大的努力去激励孩子注意那些需要改进的细节，他们却做不到，这让人觉得他们有些懒惰。实际情况并非如此，这些孩子只是没有学会如何校对，他们需要比同龄人花更多的时间学习，而且即使他们理论上知道了如何校对，也可能做得很粗糙。显然，这会影响到他们在学校的成绩，随着时间的推移，甚至会影响他们的自尊，因为他们经常被训斥。

这些孩子可以通过精心的编辑和校对训练来提高书面写作能力。这种训练的责任通常落在父母身上，因为老师很少有时间和精力做这种针对某个孩子的训练。父母需要将这种训练视为一项持续进行的项目，这需要时间和决心。

在此之前，父母要教会孩子一些必要的基础技能，如查字典、查阅语法书等。

其一，利用家庭作业训练孩子的编辑和校对技能。第一阶段的日常作业"问—答"是训练编辑和校对技能的第一步。"问—答"可以帮助孩子在创作过程中审视自己的作品，从而提高家庭作业的质量。到了第三阶段，剩下的错误较少，孩子会更愿意去改正。

其二，在时间充足的情况下，要求孩子写初稿。初稿是粗糙的，孩子可以在放松的状态下集中精力把想法写下来，不至于被工作记忆中的标点符号、字词和书法等细节拖累。在孩子写初稿时，父母要鼓励孩子用双倍行距书写；鼓励孩子直接划掉写错的内容，而不是用橡皮去擦，以免打断思路。当孩子写作时，父母应该安静地坐在一旁，不要做提醒修改、建议、指指点点之类的事情。

其三，如果发现孩子的写作风格很凌乱，不要让孩子在草稿上直接进行零敲碎打的修改，而应该教他如何阐明并简化自己的观点。

其四，如果可能的话，及时将写作阶段和改进阶段分开。建议等到第二天再进行编辑和校对，如果来不及，短暂的休息也是好的。这种停顿可以让孩子的大脑从创造功能切换到评估功能。

其五，生成一份全面的检查清单。首先，和孩子一起讨论哪些内容需要校对以及校对的顺序。父母要耐心等待，尽可能地让孩子多说，充分表达他们的想法。其次，在孩子提出的每个想法中找出一些可取之处，进行描述性表扬。最后，把讨论得出的要点列一份清单。每当孩子准备编辑和校对时，鼓励孩子回忆需要检查的内容，如此孩子将开始记忆和内化这些关键点。

其六，让孩子主动发现问题。孩子要能说出哪里需要修改以及为什么要修改，毕竟，家庭作业是孩子自己的任务。当然，父母可以提供帮助，如为了让孩子更容易发现某一行有错别字，我们可以在空白处写上"CBZ"，然后让孩子自己找出来。为了突出，我们可以用彩色笔标注，但最好不要用红色的，因为作业中的红色符号或字通常会让人产生消极的联想。

其七，如果孩子在编辑和校对过程中发现了错误，要给予描述性表扬，因为校对的目的就是发现错误。

其八，孩子可以根据不同类型的问题寻找错误，如错别字、标点符号错误、书写格式错误等。错误被找出来后，让孩子自己思考、解释和纠正。可将精力集中于最需要改进的方面。

其九，作业的定稿应该严格按照学校的要求执行。

其十，在作业的校对工作结束时，多用描述性表扬肯定孩子做的事。

其十一，每次作业结束时，花一分钟时间记下刚刚修改过哪些地方，以免再次犯同样的错误。

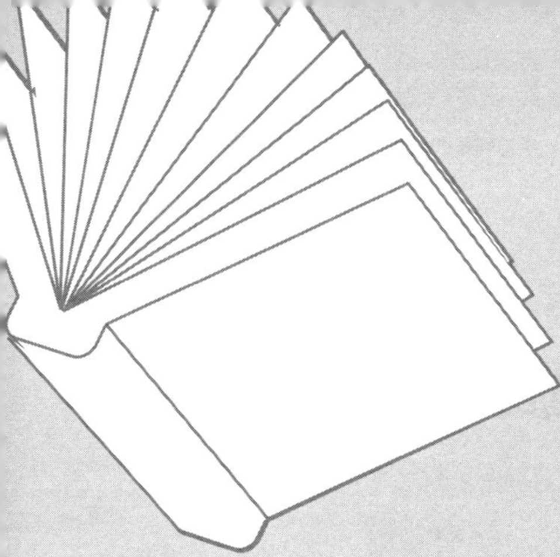

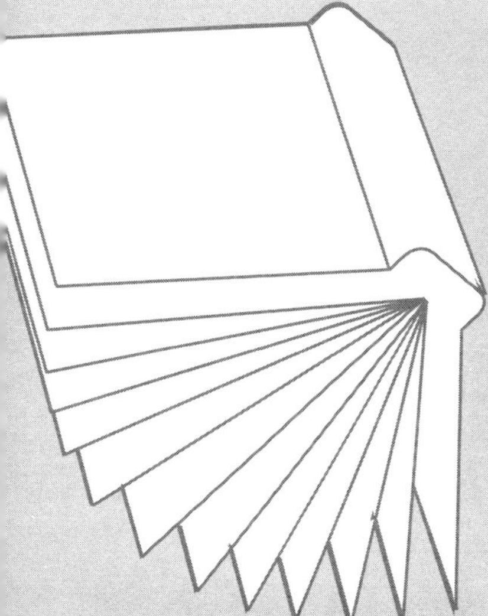

附录

附录1 大脑的工作原理

进化的视角

在自然界,很少有哪个物种像人类一样,拥有与身体比例差距如此大的大脑。比起其他物种,包括非人灵长类,人类大脑中最发达的部位主要是大脑皮层,尤其是前额皮层。相关皮层有个专门术语,叫作"联合皮层"。听名称就知道,这些皮层的功能不是单一的。在行为表现上,人类比其他动物表现得更有智慧。

为什么其他物种没有进化出从比例上来说更大的大脑?当然是因为有一个更大的大脑会带来更多风险。如:

- 在平静的情况下,占人体体重2%的大脑需要耗费20%的能量和氧。为了维持大脑的正常功能,人类需要寻找很多食物,不能耐受缺氧。
- 人类全部基因的60%以上用来编码大脑中的蛋白质,这会导致一个新问题——容易出错。
- 大脑袋胎儿需要提前分娩,否则风险太高;出生后不能独立存活,需要他人照顾。

既然有如此大的风险,为什么人类还是进化出如此大的大脑?当然是因为有更多的好处。

其一，人类大概是唯一的"泛环境适应"型物种。如果我们比较一下不同环境中的物种就会发现，所有生命体都必然具有环境适应的属性。这么说来，人类有什么特别之处呢？当然有！人类具有泛环境适应性，即人类可以适应非常多的环境，哪怕是南极和北极那样的极端环境，人类也能生存下来。想象一下，把企鹅运到赤道地区，它们能不能活？人类与之不同，所以人类的足迹几乎遍布整个地球。

其二，理论上，人类新生儿是不成熟体，在没有他人照顾的情况下无法生存，但这种状况也是人类的最大机缘。因为如此一来，人类的大脑会在将要适应的环境中发育成熟。也就是说，不成熟的人类大脑在需要适应的环境中被训练，它会发育成最适应当前环境的大脑。

大脑发育的视角

新生儿的大脑发育相当不成熟，据研究者估计，人脑的大约3/4是在出生后发育的。从大脑的重量来看，新生儿的大脑大约400克，是成人脑重量的25%，同期体重大约是成人的5%；到1岁时，脑重量大约增加1倍；到6—7岁时，脑重量大约为1280克，是成人的90%，同时期体重大约是成人的35%；之后仍然缓慢增长，在20岁左右停止增长。脑重量的增加并不是增加了神经元的数量，主要增加的是神经元的体积、树突的数量和成分、轴突的髓鞘化、神经胶质的数量和体积。树突是神经元表面长出的神经纤维，主要用来接收其他神经元传递来的信息，通常比较短且分支多。成年人的每个神经元大约与5 000个其他神经元或区域发生联系。轴突同样也是神经元表面长出的神经纤维，它的主要功能是发出信息给其他神经元。

神经元和神经元之间通过突触建立联系。用神经科学的语言来说，学习是否发生取决于突触是否建立。从出生开始，那些没有使用过或很少使用的突触就会消失，这种现象有个专业名词叫作"突触裁剪"。突触的形成和消失在神经系统中很容易发生，它遵循"用进废退"原则。也就是说，经常使用的神经网络会越来越好用，不经常使用的神经网络将会消失。每当此时，我就会想起鲁迅先生的话——世上本没有路，走的人多了便也成了路。神经网络的建立和使用有直接关系。

大脑网络——小世界网络

大脑根据结构可以分为额叶、顶叶、枕叶、颞叶和岛叶等，根据功能可以分为感觉皮层、运动皮层、视觉皮层、听觉皮层等。如果说，特定功能的脑区主要用来加工特定的信息，如视觉皮层主要用来加工与视觉相关的信息，听觉皮层主要加工与听觉相关的信息，那么联合皮层的主要功能就是打通不同功能区的壁垒，把信息联通起来，把输入和输出联通起来。

神经科学家发现，人脑的连接方式类似小世界网络。这是一个数学中图论的概念，可以简单类比为世界航线图。要从中国飞往美国，华东片区的人就要飞往上海，因为在华东片区的内部，城市之间都有频繁的航线往来，但其他城市飞往美国的航班很少，只有上海和美国的大城市，如纽约，有频繁的航班往来。当然，华北片区也如此，人们需要先飞往北京，然后飞往美国。到了美国之后，再换乘美国国内的航班飞往目的地。这种航线图就类似小世界网络，中国的华东、华北等片区相当于一个个小世界，小世界和小世界由数条主要的航线联通。

人类大脑中特定的功能区域类似一个个小世界，在脑区内部有很稠密的连接，通过少量的长距离的神经纤维和其他小世界连接，这是人脑信息加工的特征。视觉信息或听觉信息要变成一个行为，如说话，需要好几个小世界协同工作。

学习和神经可塑性

大脑具有可塑性，终身都可塑。为什么我们要强调在大脑未完全发育成熟前的学习更好呢？因为神经网络在没有发育成熟的大脑中的建构，类似在无主之地上干活，谁在干活就属于谁，无论是种地还是盖房子，都比较容易且干完就属于自己了。成人想要建构新的神经网络，就类似抢有主之地并在其上干活，要割掉别人的庄稼，种上自己的，同时还要防止别人的庄稼继续生长，这是一种竞争关系。固有的神经网络（旧习惯）并不愿意退出舞台，新的神经网络（新习惯）需要不断重复工作才有立足之地。旧的习惯大多是成年前形成的，所以说让孩子做正确的事情是非常重要的。做正确的事情的过程发生在神经系统中，这也就是神经网络的建构过程。

任何课程、任何教学行为都是"基于大脑的"，因为所有经历，包括非教育经历，都会对大脑产生影响。

附录2　作业奖励清单

目标：_____　　日期_____　　奖励：_____

以下为做作业时值得被鼓励的积极行为，请核对自己的行为，符合项请打钩。

	整理作业/学习区域。
	在指定时间开始写作业/学习。
	保持房间整洁。
	把第二天需要的书本、作业等都放在书包里。
	复习课堂笔记。
	认真、准确地完成所有作业。
	把所有的学校便条给妈妈或爸爸。
	保持积极的态度。
	合作。
	在没有提醒的情况下完成所有的作业。
	尽力而为。

以下为做作业时需要付出特别努力才能完成的目标，请核对并打钩。

	达到学习目标。
	提前完成任务。
	获得更好的考试成绩。
	努力成为优等生。

以下为做作业时错误的行为，请核对并打钩。

	该交作业时忘了交。
	遗漏家庭作业。
	每天晚上学习时长不够。
	忽略家庭作业/学习计划。
	不寻求指导。
	无视整洁和准确。

附录3　学习习惯评估表

☐ 和同学相处得好吗？
☐ 上课认真吗？
☐ 为完成任务而自豪吗？
☐ 为项目挑选具有挑战性的学习材料了吗？
☐ 喜欢课余额外的学习吗？
☐ 能独立完成任务吗？
☐ 能依靠自己的决定，而不是依靠同伴的想法吗？
☐ 总是努力做到最好，完成所有的任务吗？
☐ 能完成一个草稿或大纲，然后润色吗？
☐ 能展示组织能力吗？
☐ 能勇往直前，每晚复习功课吗？
☐ 当不理解任务或概念时，能及时寻求帮助吗？

如果你的成绩一直很差，你是否：

☐ 匆忙完成课堂作业和家庭作业？
☐ 比起小组学习，在有组织的课程中学习效果更好？
☐ 没有检查就交作业，只是为了完成任务？
☐ 必须让老师重复指示并提供额外的信息？

☐ 在团队分配任务时避免承担责任?

☐ 需要很多次提醒才能继续工作?

☐ 不停地打扰周围的人?

☐ 因把工作分成更小的部分并解释清楚而获得表扬时,你的表现会更好吗?

☐ 直接从书本上摘抄或抄袭其他学生的作业?

☐ 经常迟到或无故缺席?

☐ 愿意成为一个追随者,而不是领导者?

☐ 不断努力扮演班级中的"小丑"?

☐ 经常因为不遵守班级规则而被老师训斥?

附录4　学习风格评估表

每个孩子都是独一无二的,他们以不同的速度和方式学习。儿童心理学家发现孩子的学习风格各种各样,其分类方式也各不相同。为了简化这一概念,教育学家和心理学家归纳出七种不同的学习风格。每个孩子可能有一到两种甚至更多种学习风格。了解孩子的学习风格有助于我们更好地了解孩子。如果孩子因为某种特殊的学习风格而在某一学科领域存在困难,我们就可以与老师一起帮助孩子克服这个困难。迈出这一步,孩子的成就会大不相同。

其一,语言型。语言型学习者喜欢书面或口头形式的语言。他们很容易被故事吸引,听故事的时候很专注。讲故事、写诗等方式能让他们学得更快。

其二,数理逻辑型。数理逻辑型学习者喜欢观察、分析和创造模式,喜欢整理事物和组织自己的资源。他们用数字和序列作推理,喜欢循序渐进的过程。

其三,动觉型。动觉型学习者永远坐不住,他们通过运动来学习。对于一个动觉型学习者,最好的学习方法就是真正动手去做,也就是所谓的"动手学习"。

其四，内省型。内省型学习者通常被误认为是孤独者。他们喜欢通过独立阅读和研究来获取信息，喜欢写日记和设定目标。

其五，人际型。人际型学习者喜欢与人交谈，喜欢"说出"自己的想法和意见，喜欢帮助人，非常善于社交，是优秀的团队合作者。当他们和其他人一起工作时，他们吸收信息和学习的效果最好，因为他们是很好的健谈者和倾听者。

其六，音乐型。音乐型学习者是活泼的、有节奏的、有旋律的。他们对曲调反应良好，很容易记住歌词和曲谱。他们通过音乐来吸收信息。柔和的音乐可以帮助他们集中注意力。

其七，视觉型。视觉型学习者是艺术型的。他们通过图片、图表、地图等来吸收信息。视觉型学习者喜欢绘画和着色，且非常注重细节。视觉型学习者富有想象力和创造力，空间思维能力很强。

父母可以通过下列语句找出孩子的学习风格（勾选描述孩子喜好的选项，每个选项1分）。

语言型孩子：

☐ 我的孩子喜欢读各种各样的故事。

☐ 我的孩子喜欢听故事，说话押韵。

☐ 我的孩子喜欢阅读、听诗歌、猜谜语。

☐ 我的孩子在阅读课和语言艺术课上很专心。

☐ 我的孩子在数学课和科学课上注意力不集中。

☐ 我的孩子喜欢看路标、广告牌、包装盒上的说明等。

语言分数：_____

数理逻辑型孩子：

☐ 我的孩子喜欢按顺序排列图案。

☐ 我的孩子喜欢用不同的方式数不同的东西。

☐ 我的孩子很容易记住号码，如电话号码。

☐ 我的孩子喜欢按颜色、样式和大小把物品分类。

☐ 我的孩子在数学课上很专心。

☐ 我的孩子在阅读课和语言艺术课上注意力不集中。

数理逻辑分数：_____

动觉型孩子：

☐ 我的孩子喜欢到处走动而不喜欢待着不动。

☐ 我的孩子在课堂上读书或写字时总是坐立不安。

☐ 我的孩子喜欢触摸物品和动物。

☐ 我的孩子喜欢运动，尤其是户外活动。

☐ 我的孩子喜欢在音乐声中跳舞。

☐ 我的孩子很难坐着不动或站着不动。

动觉分数：_____

内省型孩子：

☐ 我的孩子能独立学习。

☐ 我的孩子能独立阅读。

☐ 我的孩子能独立完成作业。

☐ 我的孩子安静害羞。

☐ 我的孩子不太喜欢社交。

☐ 我的孩子喜欢一个人玩。

内省分数：_____

附录

人际型孩子：
- ☐ 我的孩子不喜欢独自学习。
- ☐ 我的孩子喜欢和一群孩子在一起。
- ☐ 我的孩子在学校很友好。
- ☐ 我的孩子喜欢帮助别人，也很关心别人。
- ☐ 我的孩子很会说话。
- ☐ 我的孩子几乎可以和任何人交谈。

人际分数：_____

音乐型孩子：
- ☐ 我的孩子知道大多数流行歌曲及其歌词。
- ☐ 我的孩子喜欢音乐。
- ☐ 我的孩子喜欢唱歌。
- ☐ 我的孩子能用不同语调朗读。
- ☐ 我的孩子喜欢用锅碗瓢盆等日常用品来创作音乐。
- ☐ 我的孩子大部分时间都在哼歌。

音乐型分数：_____

视觉型孩子：
- ☐ 我的孩子会注意照片中最微小的细节。
- ☐ 我的孩子喜欢玩积木和其他建筑玩具。
- ☐ 我的孩子喜欢玩拼图和迷宫游戏。
- ☐ 我的孩子喜欢涂色、画画和涂鸦。
- ☐ 我的孩子喜欢看图表、地图和图片。
- ☐ 我的孩子喜欢看幻灯片和视频。

视觉分数：_____

哪一类分数最高？孩子的主要学习风格是得分最高的那个类别，第二学习风格是得分第二高的类别。当然，孩子可能有一种以上的主要学习风格。作为父母，熟悉孩子的学习风格可以让我们帮助孩子表现出他们最好的一面。

父母可以根据前文给出的信息，填写孩子的个性化学习风格。如果孩子有不止一种学习风格，我们可以先列出最主要的一种。

孩子的主要学习风格是：＿＿＿＿＿＿＿＿＿＿＿＿＿＿＿＿＿＿

孩子的其他学习风格是：＿＿＿＿＿＿＿＿＿＿＿＿＿＿＿＿＿＿

根据父母的思考，填写孩子需要在哪几个方面有所提高：

（1）＿＿＿＿＿＿＿＿＿＿＿＿＿＿＿＿＿＿＿＿＿＿＿＿＿＿

（2）＿＿＿＿＿＿＿＿＿＿＿＿＿＿＿＿＿＿＿＿＿＿＿＿＿＿

结束语

作为父母，我们的任务就是培养孩子的技能、态度、习惯和价值观。从这个角度来说，学习成绩本身并不是最重要的，最重要的是孩子们在学习的过程中学会做正确的事情。

我曾经不止一次听到学生父母说："孩子在大学里学习的这些内容有什么用？这些内容早就过时了，孩子在未来的职业生涯中根本不可能用到这些内容。"这里面有一个重大的误区。孩子在学习的过程中除了要学会知识本身之外，更要学会如何让知识成体系地存储在大脑中，如何提出问题，如何解决问题，如何做规划，如何思考，如何评价，等等。有些知识的确会过时，但是能力不会过时。

再说知识本身。一个具有系统知识的人在就业市场上更有竞争力。通常，具有系统知识的人也是会学习的人。他们能够在相关领域迅速接纳新知识，将新的信息更快纳入自己的知识库中。所以，学习能力才是核心。我非常希望能够帮助父母更多关注和培养孩子的学习能力，也非常希望父母能够掌握"问一答"、描述性表扬、反映性倾听等技巧。

最重要的是，一切教育都建立在良好的亲子关系的基础上。请父母心平气和地面对孩子，接纳孩子会有很多的不知道，会犯很多错误的事实，因为成长就是由未知到已知、由犯错到改错的过程。

最后，也许会有父母对"问—答"有疑虑，认为这种方式会让孩子失去自主性。我可以肯定地回答，不会！"问—答"通常发生在需要培养孩子重要能力的时候，并不是要限制孩子在日常生活中方方面面的自由发挥。同时，"问—答"本身规定的是原则和方向，很少规定具体的执行过程。

就到这里吧，祝大家生活愉快！

潘晓红

2021年6月

图书在版编目（CIP）数据

好好"陪"作业：学习辅导的秘密/潘晓红著.—
上海：上海教育出版社，2021.9
（俊秀青年书系/郝宁主编）
ISBN 978-7-5720-1102-3

Ⅰ.①好… Ⅱ.①潘… Ⅲ.①学习方法-家庭教育
Ⅳ.①G791②G78

中国版本图书馆CIP数据核字(2021)第196452号

责任编辑　金亚静　孔令会
装帧设计　闻人印画

俊秀青年书系
郝　宁　主编
Haohao "Pei" Zuoye: Xuexi Fudao de Mimi
好好"陪"作业：学习辅导的秘密
潘晓红　著

出版发行　上海教育出版社有限公司
官　　网　www.seph.com.cn
地　　址　上海市闵行区号景路159弄C座
邮　　编　201101
印　　刷　上海叶大印务发展有限公司
开　　本　890×1240　1/32　印张 /　插页 1
字　　数　167 千字
版　　次　2021年10月第1版
印　　次　2021年10月第1次印刷
书　　号　ISBN 978-7-5720-1102-3/G·0862
定　　价　49.00 元

如发现质量问题，读者可向本社调换　电话：021-64373213